岳麓書社

張之洞

三

唐浩明 著

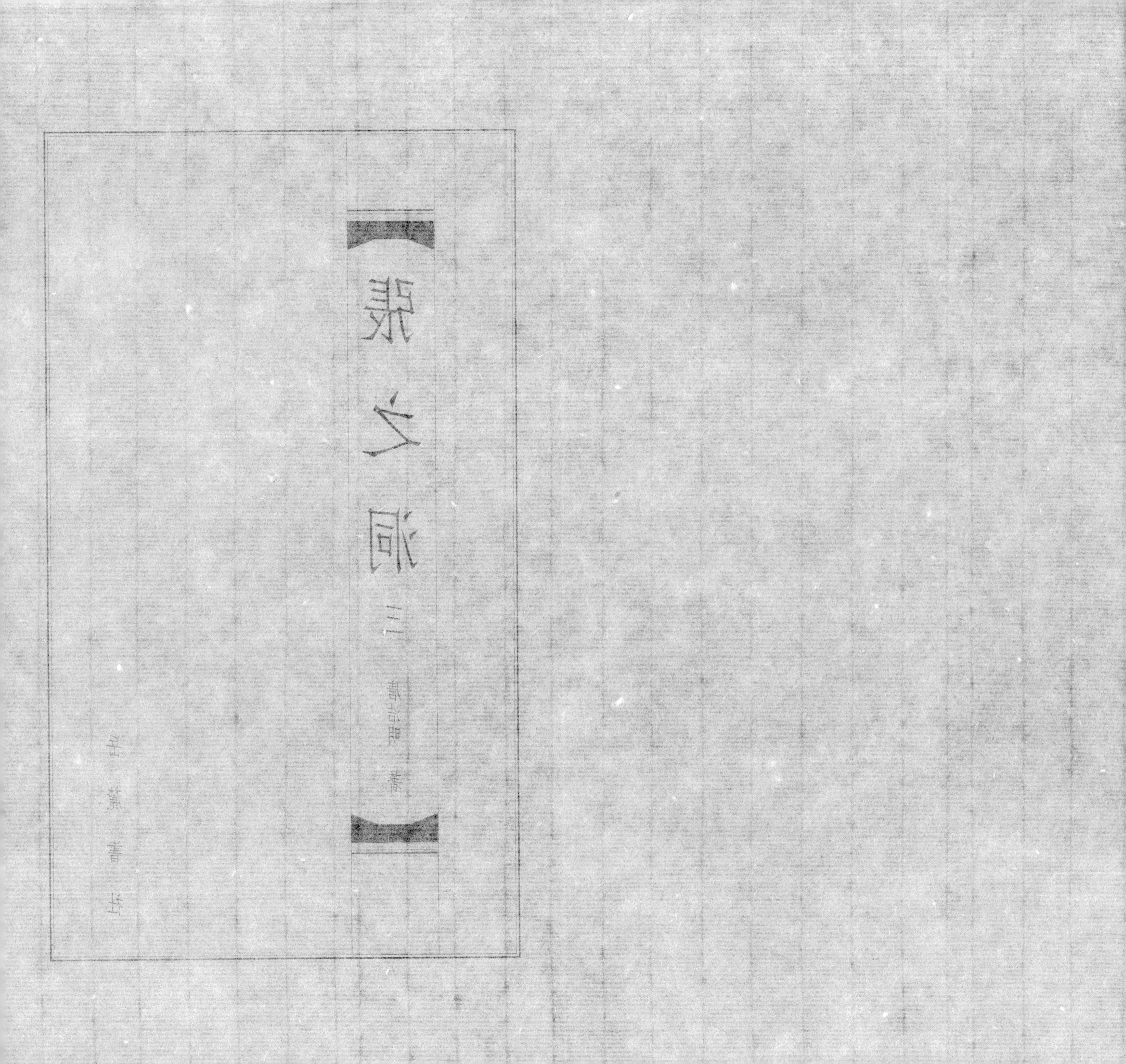

第五章　清查庫款

一　爲獲取賑災款被貪污的真憑實據，閻敬銘出了一個好主意

回到太原城的第二天，馬丕瑶便向張之洞稟報，初步清查光緒三年、四年、五年的賑災款項，三年間便有三十餘萬兩銀子對不上數，懷疑是當年主持賑災的藩司葆庚和主要經辦者王定安貪污中飽了，但苦無確鑿的證據。下一步的清查如何進行，請撫臺拿個主意。

下午，葆庚也特爲過來，説已與祁家説好了，祁家父女都同意，是不是就叫他們父女到撫臺衙門來見見面。馬丕瑶的稟報讓張之洞對葆庚、王定安很是反感。他甚至後悔不該與他們同遊晉祠。張之洞冷冷地説了一句『此事不要再提了』後，便不再理睬葆庚，將葆庚弄得十分没趣。

張之洞爲清理庫款事苦苦地思索着。

夏天到來時，春蘭帶着唐夫人生的次子仁梃、王夫人生的小姐準兒，以及柴氏帶着燕兒都來到太原。桑治平在緊靠巡撫衙門的一條小街上，賃了幾間房子安置家小。大根夫婦則帶着仁梃和準兒，與張之洞同住衙門後院。從此，早晚冷清的第一衙門，開始有了勃勃生氣。

桑治平做了張家的真正西席。仁梃聰明好學，並不要老師多操心，他仍可以分出不少心力來替張之洞辦公事。

爲張之洞的誠意所感，珮玉也來到太原做準兒的琴師。張之洞甚是高興。準兒活潑伶俐，珮玉喜歡她。珮玉和善親熱，準兒也愛她。兩人很快便相處融洽。

近年來，因王夫人的陡然去世，悲寂常常襲擊着張之洞的心，空閒時他思念得最多的便是遠在北京的兒女。長子仁權已成家自立，他較爲放心。次子仁梃畢竟是個已有十歲的男孩，學業是其生活中的全部內容，有良師在教導，他也可以放得下心。最讓他牽腸掛肚的便是這個小準兒。嬌弱的女孩，這麼小就失去了母親，這是她人生的最大痛苦，雖有春蘭在生活上予以照顧，但誰去撫慰她那顆受傷的幼小心靈？誰去充當她閨房中的教師呢？張之洞爲此而深深地憂慮。現在好了，珮玉來了！她倆似前生有緣似的，彼此親密無間。聽到後院裏不時傳出的珮玉和準兒的歡悦笑聲，張之洞的心裏十分寬慰。

這時，一道上諭遞到太原巡撫衙門：户部尚書著閻敬銘補授。又命張之洞將此諭火速遞到解州書院，督促閻敬銘毋再固辭，速來京履任。張之洞看到這道上諭，心裏歡喜無盡。

他首先感到欣喜的是太后畢竟有見識，不像以往衹讓閻敬銘恢復侍郎原職。儻若依舊是從二品待遇，説不定那個倔犟的老頭子仍然會堅辭不受。如此，將令他這個傳旨者十分難堪，兩邊都不好交代。張之洞感激太后給了他很大的面子。

最使張之洞欣慰的是，閻敬銘授的是户部尚書。山西窮困，銀錢拮据，凡辦大事，都要得到户部的關照纔能行得通。自己過去曾力主閻敬銘出山，這次又傾心接納。這些，老頭子豈能不知？今後又豈能無視？子青老哥所説的靠山，這真是一個天緣湊泊的好靠山！

張之洞想到這些，心裏興奮不已。而眼下閻敬銘對清查庫一事，也正好能幫得上忙。光緒三年，閻

敬銘以工部侍郎的身份，來太原協助巡撫曾國荃賑災。以他的精明老練，必定對當時賑災款的集散，心中有一個大致的脈絡，應該向他請教！說不定藩庫清查之事，靠的正是此老的鼎力相助。

他將去解州的重任再次交給桑治平，要他說服閻敬銘取道太原進京，並一路好好陪伴護送前來，他要親自把盞爲久蟄荒野的大司農餞行。

經過二十餘天的長途跋涉鞍馬勞頓，桑治平一路護送閻敬銘，來到了離太原城祇有七十里路的榆次縣。除他們二人及閻敬銘的一個遠房侄孫外，同行來到榆次的還有一個人。此人名叫楊深秀，字漪邨，本省聞喜人，今年三十三歲。十年前楊深秀即考中舉人，第二年會試告罷。楊家乃聞喜大户，家資饒富。楊父遂出錢爲兒子捐了一個刑部員外郎。這是個空銜，楊深秀依舊在家中讀書。他向往的是兩榜正途出身。

光緒三年，眼見鄉親們受苦受難，楊深秀心中不忍，遂廣開粥廠救濟災民，又拿出巨款來購買藥材，施捨給貧困的病人。楊深秀因此而善名遠播。此時閻敬銘正奉旨賑災，便聘請楊深秀來太原與他共襄大事。

楊深秀爲人正直又精細。災情嚴重，百姓身處水火之中，山西官場却有不少人利用權勢，侵吞錢物。楊深秀對此憤恨不已。他和閻敬銘談起此事，閻敬銘也同樣憤恨。得到閻的支持後，楊深秀暗中記下一份詳細賬目，以備他日所需。賑災完畢，閻敬銘離開太原來到解州書院。不久，楊深秀也回原籍繼續讀書。聞喜與解州相鄰，楊深秀時常到解州書院，向閻請教學問。談起官場的腐敗，談起國家的積貧積弱，談起人心的不古，這兩個年紀相差三十餘歲的師生，有許多共同的感慨。

桑治平向閻敬銘談起清查局所面臨的困難，閻敬銘想起了楊深秀，遂邀之一道去太原。楊深秀素

慕張之洞大名，欣然同意。

傍晚時分，閻敬銘一行剛進城門，便見一個低級官員裝束的人走上前來。桑治平笑道：『郭巡捕，你幾時來的？』

郭巡捕說：『前天接到桑先生的信，撫臺大人昨天便到了榆次。卑職今天在城門邊恭候一天，終於把你們盼來了。現在就請閻大人和桑先生等一起去縣衙門。』

閻敬銘聽說張之洞親來榆次迎接，頗出意外，對桑治平說：『張大人公務繁忙，還這樣客氣，令老朽不安。』

桑治平說：『張大人對丹老十分欽佩，若不是公務繁忙，他是要親去解州的。他早就跟我說定了，要我到太谷時給他一封信，不管多忙，他都要親來榆次迎接，以表示他的仰慕之情。』

閻敬銘連聲說：『不敢當，不敢當！』

說話間，不知不覺到了榆次縣衙門口，張之洞帶着羅縣令、何主簿等一班官吏迎上前來。桑治平從中作了介紹。

張之洞向閻敬銘作揖道：『久仰丹老聲威，不勝傾慕。』

閻敬銘回禮道：『張大人親來榆次相見，愧不敢當。』

張之洞說：『丹老四朝元老，中興功臣，之洞未去解州相迎，已是不恭，尚望丹老鑒諒。』

說着，又向閻敬銘介紹了榆次縣的一班官員。閻敬銘指着楊深秀說：『這位是聞喜縣楊深秀漪邨孝廉，光緒三年協助我在山西辦賑務，是一個仗義疏財極有血性的漢子。』

張之洞一聽楊深秀辦過賑務，眼睛一亮，忙問：『楊孝廉是陪同丹老一道進京的嗎？』

閻敬銘說：『不是，我特地帶他到太原來見你的。』

張之洞轉臉對楊深秀說：『楊孝廉請在太原城多住幾天，鄙人有要事請教。』

楊深秀說：『治下久聞大人盛名。大人巡撫三晉，此乃三晉父老之幸，治下願爲大人驅馳。』

羅縣令笑着招呼：『請丹老、張大人及各位一道入席吧，大家酒席上再暢談。』

巡撫駕到縣城，這正是縣令獻殷勤的最好時候。閻敬銘進京去做户部尚書，下榻此地，也是東道主一個巴結攀援的好機遇。兩件事凑到一起，豈不是天大的好事！羅縣令動員一切力量，清掃道路，打掃驛館，搜集佳肴，準備美酒，足足忙乎了兩天。今晚縣衙門的接風酒席辦得隆重豐盛：一桌主席，三桌陪席，舉凡山西省的好食品全都上了桌，加之滿堂大紅蠟燭，給宴會廳更增添許多熱鬧的氣氛。

可是，六十五歲的主客生性儉樸，不習慣山珍海味，再加上旅途勞累，更没有胃口，他祇抿了兩口酒，動了幾下筷子，便閉口再不喫了。第一陪客也不是個大喫大喝的人。張之洞四十歲以前嗜酒好飲，常常喝醉。四十歲後因身體欠佳，也便節制不再多飲。於是，這場名爲招待閻敬銘和張之洞的酒席，便成了榆次縣衙門大小官員們的聚餐。他們在陪席上頻頻舉盃，相互勸飲，大咬大嚼，狼吞虎咽。

張之洞看着這個場面，禁不住雙眉緊鎖。他對羅縣令說，明天要留丹老在榆次住一天，有要事商量，一切應酬全部罷掉，祇需備點粗茶淡飯即可。羅縣令不好違背，祇得答應。

第二天上午，張之洞隻身來到閻敬銘下榻的驛館。他要與這位兩度復出的前朝大員，作一次推心置腹的長談。

張之洞說：『二十年前，胡文忠公譽您爲湖北經濟第一人，要我到武昌去拜您爲師，求經世濟民的真才實學。怎奈天不假壽於文忠公，此行未果。詎料二十年後，我纔得以拜識您，真正是又憾又幸！此番太后將大司農重任交給您，正是衆望所歸，人地兩宜。您一定將再展補天之手，爲朝廷廣開財源，造福社稷。明天啓程去太原，我自然當留您在太原多住幾天。祇是省垣人多眼雜，難有這等清静的環境，故而選擇榆次先與您相見。一則表示遠迎的誠意，二則也想藉此地與您促膝懇談。我有許多事要向您請教，請千萬莫嫌魯鈍，看在三晉父老鄉親的面上，爲我開啓茅塞。』

閻敬銘面色凝重地聽完張之洞這番開場白，沈吟良久後說：『文忠公生前曾對老朽說起過撫臺，夸獎撫臺是他遇到的最聰穎的年輕人，日後前途不可限量。文忠公的確是巨眼識人，撫臺今天也做到了他當年的官位了。』

『我哪能跟文忠公相比。』張之洞忙說，『文忠公雖説官位祇是湖北巡撫，其實是朝廷的江南柱石。今日的晉撫哪能跟當年的鄂撫相比。』

閻敬銘笑着說：『以撫臺的天資才望，好好做下去，日後也會是朝廷柱石的。』

張之洞說：『謝謝丹老的獎掖。我當盡力而爲，但願不負朝廷的信任、丹老的厚望。』

閻敬銘原以爲清流出身的張之洞，會是滿身的名士氣，却不料這樣懇切誠摯，於是點了點頭問：『撫臺準備跟老朽說點什麽？』

張之洞略微停頓一下，說：『朝廷命我承乏三晉，很想爲三晉父老做點實事，但却常有力不從心之感。山西弊病很多，依我看來，主要在三個方面。一是鄉間廣植罌粟，與莊稼争地，官吏軍營，多食鴉片，風氣頹廢。二是從省到州縣，吏治腐敗，各級官場，疲沓懶散成風，貪官污吏，亦爲數不

少。三是山西土地貧瘠，所産甚少，百姓生計窘困，難以自救，官府收入枯竭，幾乎不能有所興作。』

閻敬銘説：『老朽寓居山西多年，對山西弊端多少有所耳聞目睹。撫臺方纔所説的，均是山西積弊。在解州時常聽士林説，撫臺來晉後力圖鏟除弊端，整肅民風。士林都稱讚撫臺氣魄宏大。』

張之洞説：『不瞞丹老，自到山西以來，我也曾採取過强硬手段，欲求有所作爲。比如説在鏟除毒卉禁止吸食鴉片一事上，是不惜動用兵丁，不怕得罪鄉紳的。現在看來是收到了些成效。至於整飭吏治方面，也想以清查藩庫爲缺口，狠狠地煞一下貪污中飽之風。想必丹老也知道，山西藩庫竟然有三十年未清賬目，這豈不是咄咄怪事！』

『我知道。』閻敬銘沈重地説，『藩庫多年不清之事，據我所知，尚不止山西一省。當然，山西三十年不清，確居全國之首位。其他十年八年不清的還有好幾個省份。太后要老朽去做户部尚書，但老朽即便要去摸清各省目前的庫存銀錢狀況，都很困難，這個户部尚書如何去做。哎！』

閻敬銘説罷，重重地嘆了一口氣。

張之洞聽了閻敬銘的感嘆後，突然靈機一動，説：『我在京師做閒官時，也曾聽部院堂官們説，這幾十年來六部數户部最難掌。軍餉開支大，各省上交又少，不但該交的不交，連別省的過路錢都攔截。難怪户部官員甚至説，各省這種行徑類似緑林。』

閻敬銘笑着插話：『翰林變緑林，這句話原本是罵李少荃的，後來竟成了名言，廣爲流傳套用。』

張之洞本想説一句『這是因爲像李鴻章那樣變緑林的翰林越來越多的緣故』，想一想閻敬銘和李鴻

章是同一經歷的人，這種清流激憤語言不能在他面前説，於是話到嘴邊又咽下去了，改口道：『各省都叫苦，都説虧空多，户部也拿他們没辦法。剛纔丹老您説的，摸清各省目前庫款情況，的確是户部一件大事。我想，丹老這次進京後，第一把火就燒到這事上，山西將爲丹老提供一個範例。』

閻敬銘想，這不失爲一個好點子。接到進京任户部尚書的聖旨後，閻敬銘便一直在尋思着：身負賢能之名，數度謝旨不應，如今以六十五歲的高齡履任，天下多少雙眼睛在看着自己呀，儻若尸位素餐，毫無建樹的話，不但辜負了聖恩，也有損自己的清名；儻若要有所建樹，這建樹要立在哪一點上呢？張之洞不愧是個聰明人，他這個點子可謂一箭雙鵰：首先是要換取我和户部的支持，同時也的確是給户部的一個啓示。好，這樣一件既有利於他，又有利於我，既有利於山西，又有利於朝廷的事，爲什麽不支持？

閻敬銘舒心一笑説：『張撫臺，老朽全力支持你把山西三十年的藩庫賬目料理一清，然後再奏請太后、皇上，要各省都傚法山西。撫臺需要老朽做點什麽，就明説吧！』

張之洞高興地説：『丹老真是個實心做事的人，有您的支持，山西的事情就會好辦得多。不瞞丹老説，一般性的清查庫款，也並不是很難的事。莫説三十年，就是四十年、五十年也不難。我衹須找到一個賬目清楚的年份，從這一年開始，把現存的所有單據都彙集起來，然後一年一年地去做賬。衹要有一批細心有經驗的賬房師爺，花個半年時間就可以重新建立一套賬目來。』

張之洞端起茶盃來喝了一口。閻敬銘從這幾句話中，感覺到眼前的這位清流巡撫，有一種舉重若輕的氣概。他心裏想：此人有宰輔之才，若遇天時的話，今後的功業或許不在乃師之下。一個念頭瞬時間在他的腦子裏浮起。

『我不衹在於清理藩庫的賬目，更重要的是要藉此機會整頓山西官場。』張之洞放下茶盃，神色莊嚴地說，『剛纔我說過，山西官場從省到州縣，貪官污吏不少，而且風聞這個根子就在省城，因爲上行下傚，纔使得三晉吏風更壞。』

張之洞說到這裏，壓低了嗓音：『我通過明察暗訪，已知道這個根子便是現任藩司葆庚，葆庚的同夥有冀寧道王定安和陽曲縣令徐時霖。他們在光緒三年賑災時，合夥弄虛作假，貪污了一筆不小的銀子。我想通過查庫款來查賑災款，通過清查賑災款來查出葆庚的貪污案，再通過罷葆庚等人來整飭三晉吏風。』

閻敬銘斂容說：『撫臺剛纔說，通過明察暗訪，已知根子是葆庚，還有王定安和徐時霖，是否可以再詳細點告訴老朽此中的嫌疑。』

張之洞說：『大同府同知馬丕瑶，是靜瀾中丞臨走時向我推薦的誠實可靠人。我成立清查局，用的就是馬丕瑶。馬丕瑶查了幾個月的庫款，發現葆庚和王定安的不少疑點。另外，衙門裏也接到過無名帖子，帖子上說葆庚、王定安、徐時霖沆瀣一氣，合夥貪污。我與葆庚相處了一段時期，也覺得他不像個正派人。但現在没有得到真憑實據，下不了手。何況葆庚是藩臺大員，王定安背景不小，更需謹慎從事。』

『撫臺考慮的是。』閻敬銘慢慢地說，『光緒三年賑災的事，老朽可以詳細地對撫臺說說。光緒三年九月，老朽奉旨與曾九帥一起辦理賑災事宜。九帥打仗日久，積勞成疾，江寧克復後即回籍養病。同治四年就有巡撫山西之命，但九帥因病辭謝。第二年正月，因捻寇犯湖北，軍情緊急，九帥不得已奉命任湖北巡撫。但湖北軍務不順，九帥於同治六年十月卸湖北撫篆，再次回籍療疴。這一療便是七

年。一直到光緒元年二月，纔接任河東道總督。到次年八月，改授山西巡撫。九帥又請假回籍。直到光緒三年二月，纔從長沙啓程，四月底到太原接篆視事。』

閻敬銘拿起他從解州帶出的老葵扇，隨手扇了兩下。張之洞邊聽邊想，閻敬銘爲何要費這大的口舌敘述曾國荃打下江寧後直到再度出任晉撫的這大段過程？是想告訴我曾國荃這十多年來一直多病，精力不濟，故而造成山西吏治的疲沓？是的，閻敬銘畢竟和曾氏兄弟有一番共同戰鬥的經歷，他是藉此來擺脱曾國荃的責任。

張之洞說：『曾九帥戎馬倥傯十多年，爲朝廷立了大功，自己却落了一身病。丹老當年也爲平長毛、捻寇喫了不少苦頭。』

『王命在身，不得不帶病驅馳。自古良將，有幾個安逸的。』閻敬銘邊說邊摇着葵扇。

張之洞明白了，大敘曾國荃的經歷，不但有爲老九開脱之意，也有爲自己表功的一層意思暗寓其間。

閻敬銘停止摇扇，繼續說：『光緒三年，山西大旱，在這之前已乾旱了一年，連續兩年旱災，把山西鬧苦了。怎麼個苦法，我不多說，衹背兩句當年老朽和九帥會銜上奏的話給你聽聽。』

閻敬銘微閉着眼睛，回憶着。一會兒他睁開兩隻略顯昏花的老眼，背道：『古稱易子而食，析骸而爨。今日晉省災荒，或父子而相食，或骨肉以析骸，所在皆有，莫之能禁，豈非人倫之變哉！』

張之洞的心像被利刃刺進似的慘痛着。『易子而食，析骸而爨』這樣的字眼，少年時常在書上見過，但總不大相信，懷疑是文人誇大了。没有想到，就在自己的治下，就在五年前的這塊土地上，就活生生地出現過。那是怎樣的慘絶人寰啊！

二人相對無言，驛館裏的氣氛仿佛凝固了似的。

過了好久，閻敬銘纔開口：『要說大旱兩年便慘象如此，原本也不至於。這一則是山西太窮，即便豐年，老百姓也衹能半飢半飽，何况災荒。更主要的是罌粟苗害的。山西農人貪圖眼前利益，廢莊稼而種罌粟，家中多年來已不貯存糧食了，州縣倉庫也無糧可貯。山西山多路陡，運載不便。旱災來時，拿着銅板却買不到豆麥，衹有活活等死。』

『所以罌粟苗非鏟除不可！』張之洞憤憤地說。

『是的，撫臺此舉功德無量。』閻敬銘讚許一句後，繼續說下去，『當時我對九帥說，發錢尚在其次，首務是去外省辦糧，並奏請朝廷命江南各省以糧代銀，速運山西救急。一年下來，共賑災民三百四十萬，用銀一千三百萬兩，用糧一百六十萬石。』

張之洞插話：『山西一千一百萬人口，受賑人三成以上。全省地丁銀一年纔不過三百萬兩，用銀達千萬之多。丹老於三晉父老的功德，真山高海深！』

『撫臺這話，老朽擔當不起。』閻敬銘笑道。這話顯然令老頭子發自內心的高興。他神態怡然地說，『這首先是朝廷的恩德，再是各省的捐助，三是山西多數官紳的合力共濟。若老朽一人，縱有天大的本事，也無計可施呀！』

『丹老。』張之洞問，『據說當年山西紳商兩界捐款不少，您還記得這筆款子的大致數目嗎？』

『這就是我要對撫臺細說的一件重要的事情。當年九帥定下的救急之策，功莫大焉，弊也莫大焉。』

閻敬銘習慣性地拿起老葵扇，輕輕地慢慢地搖着，好半天纔開口：『湘軍初起時，籌餉是第一樁頭痛的事，曾文正公倣法前朝舊事，請求朝廷發空白虛銜執照和空白功牌，用以獎勵捐款的士紳。早期湘軍的糧餉，主要靠的就是這條來路。』

張之洞知道，這種方法自古以來便有過。虛銜執照，即視捐款數量大小，相應地授一個品銜，贈一套官服翎領，遇到喜慶典禮宴會時，可以穿這套官服擺擺臉面，但沒有實職實權。這種交換可以滿足許多有錢人的做官虛榮心。通常情況，這個權限在朝廷，執照上的名字由朝廷填寫頒下。曾國藩請求朝廷頒空白執照，名字由他填寫，則是把朝廷的這個權力攬到了自己的手裏。

相對於虛銜執照來說，功牌則低一等。它是立功的記録牌。兵士打仗立了功，視功勞大小發一枚相應的功牌，積到一定時候便可升官。没有上前綫打仗的人，用捐錢的方式也可得功牌。有了功牌便有了榮譽，在地方上有許多好處。這種廣開名路的做法，的確在歷史上曾爲應急起過不少作用。

『九帥把它移到山西來。他向朝廷請來空白虛銜執照和空白功牌各二千張，又將這四千張牌照的填寫權完全交給藩司葆庚，自己全不過問，而弊病也就出在這裏。』

開始說到關鍵處了，張之洞雙目炯炯地注視着這位經歷不凡的老頭子，要把他的一字一句都記在心裏。

『不論是執照和功牌，都有正本副本各一份。正本發給捐款人，副本留在官府存檔，以備查詢。若秉公辦事，則正本副本完全一致，即捐銀數量、授銜品級或軍功品級兩份上所填相吻合。心存貪污的話，則兩份所填的就不會吻合。捐款人手裏的正本填的銀兩是實數，存檔的副本上填的則少些，這中間的差數便爲填寫者貪污了。另外，還有的人捐錢少，不足以發執照或功牌，或有的人雖捐了錢但不要牌照，這些銀錢也可以被執事人中飽而不露痕跡。這些手腕，即使在當時也難以盤查，事過多年，再查就更困難了。』

張之洞聽到這裏，心裏冷了一下：是的，如何去找呢？這不還是没有真憑實據嗎？

『有句古話説，要想人不知，除非己莫爲。真要下决心去查，也不是毫無辦法的，衹是不知撫臺真的下了這個决心没有？』

閻敬銘兩眼逼視着張之洞。

『請丹老放心，這個决心，我半年前就下了。』

『張撫臺，官場上的事都是互相牽連着的，查一件事就會牽連到多件事，查一個人就會牽連到一批人，今後會有許多意想不到的麻煩事出來，甚至會帶來極不利的後果。這些你都想過没有？』

張之洞堅定地説：『丹老，您不要爲我顧慮太多。我爲人向來不存畏懼之心，也從不會向邪惡低頭。牽出多少事就辦多少事，牽連多少人就查多少人。』

閻敬銘淡淡地笑了兩下，説：『張撫臺，你這種氣概，老朽很是佩服。但老朽不能不實話告訴你，你這種氣概用之於京師做言官可以，用之於山西做巡撫則不行。』

『爲何？』張之洞望着閻敬銘，懇切地説，『請丹老教我。』

『張撫臺，你初爲封疆大吏，尚不知地方官員的究竟。若是拿聖人的教誨、朝廷的律令來嚴格度量這些知府、知縣，可謂没有一個合格的。故看一個官員的賢否，衹能視其大節而遺其小過。所以，做巡撫的切不可存牽連多少人就辦多少人的心思。抓住爲頭的，懲辦幾個罪大的幫兇就行了。若全都處罰，誰來爲你辦事？若他們抱成一團與你作對，你又如何在這個省裏呆得下去？故而我勸你，你清藩庫，就清賑災這件事好了；你要參劾，就衹參劾葆庚、王定安等幾個民憤極大的人好了。』

閻敬銘這番話，説得張之洞直點頭，連忙説：『丹老説得有理。古人云水至清無魚，人至察無徒，

這話過去也讀過，道理也懂，真正辦起事來又不記得了。』

『撫臺是明白人，老朽衹要稍微點一下就行了。』閻敬銘笑道，『葆庚這人貪財好貨，我在光緒三年時便有所覺察。王定安貪婪陰鷙，在山西官場士林中口碑極不好。撫臺要藉他們二人來整肅山西吏治，這點老朽是完全贊同的。二人皆司道大員，官位高，影響大。端出他們來，不衹是震驚山西一省，也可儆戒十八省貪官污吏。』

『我想的正是如此。不瞞丹老，我來到山西後給朝廷的謝恩摺上就寫着「不忘經營八表」，有人攻訐我，説我有野心，不安於做一個巡撫，覬覦宰相之位。他們不知我的苦心，我是想藉山西這塊地方爲全國立一個榜樣。』

『張撫臺，這就是俗話所説的，燕雀安知鴻鵠之志呀！』

説罷哈哈一笑。

張之洞也哈哈大笑：『丹老説得好，説得好！燕雀安知鴻鵠之志！』

『張撫臺，老朽幫你出一個主意，説不定可以弄出一點真憑實據。』

開始接觸到要害了，張之洞忙止住笑，將頭傾向前去恭聽。

『你立即將所有光緒三年發出的執照和功牌副本調出來，選出其中捐款數量較大的二三十張，然後再派人逐個登門，請他們拿出正本來，兩相對照，證據就出來了。』

這真是個好主意！張之洞不由得從心裏佩服閻敬銘的老辣。他興奮地拿過葵扇，一邊幫閻敬銘扇風，一邊説：『謝謝丹老的指點。』

『還有，我給你帶來的楊深秀，他當年曾協助我辦了一段時期的賑務，後來被徐時霖要去。楊深秀

懷疑徐時霖手脚不乾淨，曾悄悄地記下了一筆賬目。這筆賬目也可供你參考。』

『太謝謝了！』

張之洞高興地起身，對閻敬銘説：『您剛纔説的這兩點，對山西藩庫的清理大有裨益。説了一個上午的話，我陪您到庭院裏走走。喫過午飯後，我再向您請教。』

『張撫臺，你饒饒我這個老頭子吧！』

張之洞愕然望着眼前這個滿身土氣的大司農，不知此話中的意思。

『你纔四十多歲，年富力强，老朽今年六十有五了，如何能奉陪得起！喫過午飯後你讓我好好歇息歇息。晚上，我還有重要話對你説哩！』

張之洞這纔明白過來，他懷着歉意地説：『祇怪我求治心切，把丹老當成金剛羅漢看了。好，下午請好好休息，晚上我再來竭誠討教。』

二　胡林翼被洋人氣死的往事，震撼張之洞的心

喫過午飯後，閻敬銘在侄孫的服侍下，躺下睡午覺。張之洞則和桑治平一道，與楊深秀聊天。關於當年賑災和賬目的事，張之洞擬回太原後再深談，初次見面，則先談些輕鬆隨意的話題。他們談學問，談詩文，談晉南的民情世風，談國家的現狀和出路，三人談得很是投機。張之洞發現楊深秀是個人才，無論從功名資望，還是從年歲閲歷來看，都具備目前即可重用今後前途遠大的條件。晉陽書院缺個總教習，這楊深秀不就是一個極好的人選嗎？古人説十步之内，必有芳草，此話真的不假，祇要留心辨識，人才到處都有！

喫過晚飯後，張之洞再次走進閻敬銘的房間，二人剪燈夜話。

張之洞誠摯地説：『上午與丹老一席話，所獲良多。如何獲取賑災款被貪污的真憑實據，我冥思苦想多時不得進展，丹老幾句話便解決了這個難題。』

閻敬銘笑道：『香要燒給真佛受，話要説給真人聽。不是真人，説得再多也無用。』

説罷收起笑容，將張之洞注目良久，嚴肅地説：『老朽這幾十年來歷盡滄桑，飽經世變，所更之事可謂多矣，所閲之人可謂衆矣，雖天資魯鈍，性近愚頑，不能登聖賢之堂奥，然三十餘年來的打磨錘煉，也多少積纍點識人辦事之能力。上午，老朽與撫臺良晤半日，聽談吐，察志量，似覺撫臺之氣魄風采頗肖乃師胡文忠公，一生事業可與文忠比美，而富貴壽考却又要勝之。惟望多加珍愛，好自爲之。』

閻敬銘的這幾句話，説得張之洞熱血奔湧起來。自通籍以來，張之洞便立下志向，這一生一定要以恩師胡林翼爲榜樣，像他那樣做出一番轟轟烈烈的事業出來。然而，近二十年的久抑不伸，常使他心懷鬱鬱，有時甚至心灰意冷。出任山西巡撫之後，他自覺爲大志的實現邁出了重大一步，但離恩師的事業名望畢竟相差太遠。現在，這個恩師的摯友竟然説自己一生的事業，可以與恩師比美，甚至富貴壽考還要超過，這如何不讓他興奮！

張之洞忙説：『丹老此話，對我是一個極大的激勵。我一向崇仰胡文忠公，私下裏已把他作爲自己今生的榜樣。祇是當年追隨左右時尚在稚齡，其時間不長。後來恩師在湖北打仗，我在貴州求學，雖有些書信往來，但終究所知不多。丹老與恩師共事多年，相知甚深，我極願能多聽丹老説點恩師往事，以啓愚昧。不知丹老可否賜告。』

閻敬銘微微笑道：『老朽今夜約你來，正是要與你説點文忠公的往事。咸豐十一年十月文忠公去世，到今天已是二十一年了。文忠嗣子尚年輕，將來能否傳其事業還不可知。這些年來，每念及此事，老朽常以文忠後嗣不旺而遺憾。文忠人室弟子而又大有出息者，眼下實祇撫臺你一人。爲酬答文忠當年知遇之恩，讓他後繼有人，也爲了酬答太后、皇上的聖眷隆厚，造就大清國未來的柱石，老朽我義不容辭要將文忠一生學問事業的真諦傳授給你。』

閻敬銘拿起隨身不離的老葵扇，輕輕地摇動起來。几案上的燭光隨着葵扇的晃動而跳躍着，時明時暗。張之洞凝視著閻敬銘古銅色的方正面孔，腦子裏慢慢地浮出胡林翼的形象來：那是一張長長的因久病而顯得灰白的面孔。兩張面孔上的五官儘管不同，但有一個極大的相似處，那就是面皮都粗厚而多皺紋，儻若他們穿戴普通人的衣帽混進市井之中，絶無半點異人之處。從裏到外，就是一個老農，一個老儒，一個老實巴交的平民百姓。常聽人説，中興時期的名臣名將，如曾國藩、羅澤南、彭玉麟等人，都是這一類型的人。而現在的位高權重者，幾乎見不到這類人的蹤跡。張之洞似乎突然有所穎悟。他没有細細思索的空暇，他需要全神傾聽這位長者的腹心話。

『那年我在工部做侍郎的時候，與部裏同寅談起文忠舊事，有個剛中進士分來户部的主事，居然問胡林翼是什麽人。現在又五年過去了，像那個主事樣不知文忠是誰的年輕輩越來越多了。就是許多經歷過那段時期的人，其實大多也不清楚胡文忠公。説起他來，不外是誇獎他打了幾場大仗，仿佛文忠公祇是一個平亂的武將而已，他們真正把胡文忠公看低了！』

張之洞插話：『平亂的武將祇是塔齊布、鮑超之流，恩師滿腹經綸，非一般武將可比。』

『攻城略地，是極爲明顯的戰果，而其他的則不易看到。世間俗人大抵祇能看到可觸摸的有形之器，至於無形之道，那祇能存於高人的眼光中，這也怪不得他們。』

張之洞點點頭，表示贊同這句退一步的判詞。

『其實，文忠最可寶貴之處，首在拯世濟民。他曾對老朽説過，他的一生受兩個人的影響最大。一是其父達源公。他粗爲識字，達源公便授他先儒性理之書，故他從小便有爲天下蒼生謀福祉之宏偉抱負。二是其岳父陶澍。他尚未成年時，陶文毅公便賞識他，將愛女許配於他。他終生崇敬這位譽滿朝野的岳丈。岳丈給他最大的啓示，是要爲國爲民辦實事。』

張之洞插話：『張幼樵平生最爲景仰陶澍，稱他爲近世官吏中的莽莽崑崙，曾、左都遠不能與他相比。』

『陶澍整頓鹽政，革新漕運，功在當世，利在千秋，的確是近世罕有的良吏。』閻敬銘端起茶盃來喝了一口茶，繼續説：『文忠既然以古聖昔賢爲榜樣，以拯世濟民爲立身居官之目標，這便使得他遠非一般戰將可比。他是真正的國家柱石，社稷之臣，比之爲古時的謝安、裴度等人並不爲過。這些尚屬空洞。我想你最想聽的，莫過於以文忠舊雨的身份，談一些他的成功之道。元好問説，鴛鴦綉取從頭看，莫將金針度與人。世間好看的鴛鴦綉品多得很，如何綉出來的，則難以窺視，綉女亦決不會輕易授人。文忠已不在了，就老朽我這個當年的旁觀者，冷眼所見的金針出没之法，現在來代他傳授給你。』

張之洞説：『我所要的，正是恩師的金針。』

『依老朽看來，文忠的成功之道，主要有這樣幾條。』閻敬銘似在思索，邊想邊説，『以湖北爲地盤，與朝廷分權。』

見張之洞面露驚訝之色，閻敬銘淒然說：『這也是沒有法子的事，是當時內外之勢迫使的。若不如此，文忠固然不可成大業，朝廷能否得保住也難以逆料。文忠向朝廷分權，分哪些權呢？一分財權。他撤銷原設的南北隨營糧臺，建武昌省城糧臺總局，湖北一切進款和開支，均由糧臺總局料理。老朽在武昌，便做了好幾年的糧臺總局總理。湖北一切進款，包括地丁、漕糧、厘金、鹽課，一切開支，包括軍餉、俸祿、救濟、興建等，都由糧臺總局料理，祇聽文忠一人的，户部不能插手。二分軍權。文忠手下的人馬，攻克武漢三鎮時不過六千人，到他去世前夕，湖北湘鄂軍營已達七萬餘人。這支人馬均由他一人籌餉供應，不用朝廷一分錢，因而朝廷也不能調遣，就連湖廣總督官文也不過問。』

『關於恩師與官文之間的關係，世間有不少傳聞，都說恩師這層關係處理得最爲老到深遠。』張之洞忍不住插話。

『傳聞不少，微辭也不少，祇有老朽最能理解文忠的苦心。』閻敬銘嘆了一口氣說，『文忠認官文的三姨太爲乾妹，讓她拜太夫人爲乾媽。有人說文忠出此策頗爲低下。殊不知，沒有此策，何能與官文結成水乳交融的關係？沒有這種水乳交融的關係，官文又何能於文忠的一切軍事調遣僅畫諾而已，不置一喙？還不祇這一點。』

閻敬銘壓低嗓音，輕輕地說：『文忠手握數萬強兵悍將，朝廷能放心嗎？滿蒙親貴能放心嗎？誰能說，官文不是代表朝廷，代表滿蒙親貴在盯着文忠呢？』

張之洞感到自己渾身冷了一下。二十年來，他的腦子裏好像沒有滿漢之間的畛域，也沒有特別費心思去想着這件事。經閻敬銘這一提醒，他突然省悟過來。是的，過去自己不過一芝蔴綠荳大的小官，滿洲大員們根本就沒有把你放在眼裏。現在雖說身爲巡撫，但說聲撤，一紙上諭就夠了，何況你如今的情勢，也沒有構成對他們的威脅之處。但二十多年前的局面不是這樣的，恩師手裏握的是一支能征慣戰聲譽卓著的湘軍。這支湘軍乃自招自養的子弟兵，它可以爲朝廷收復失地，也可以從朝廷手中奪走城池，正可謂能載舟也能覆舟。當年恩師辦事有多難啊，虧得他如此計慮深遠！一時間，張之洞覺得自己增長了許多見識，許多經典上不可記載的學問。今後一旦自己沾上兵權二字，此事真是一面明亮的鏡子。

『文忠分的第三個權，乃是朝廷的吏權。』閻敬銘繼續慢慢地說，『撫臺知道，我朝兩司的品級雖比巡撫低，但不是隸屬關係。藩司隸屬於吏、户兩部，臬司隸屬於刑部，都有獨立的職權，巡撫不能隨便干預。文忠因當年戰事特殊，不能不集兩司之權於一身。又因爲湖北最初之藩、臬兩司皆平庸文官，不能應付軍事之變，故抗疏請求朝廷撤掉庸吏，起用能員。朝廷不得不聽文忠的。就這樣，湖北兩司便成了巡撫的屬官，道府州縣的升黜，更由文忠一人說了算。朝野不少人指謫他，說他包攬把持。張撫臺，老朽今天就這包攬把持四字要好好說一說。』

閻敬銘端起茶盃，挺直腰板，似乎越說越上勁。張之洞起身，拿起剪刀來剪下燒焦的燭心，火苗頓時旺起來，跳跳躍躍的，照在張之洞的臉上。明暗之間，他的那顆碩大的鼻子似乎顯得更大了。

『這包攬把持四字，說起來都含貶斥之意。朝廷不願意看到包攬把持的督撫，同樣的，督撫也不願看到包攬把持的府縣。但是，』閻敬銘的語氣顯然加重了，『沒有包攬把持，就沒有文忠的事業。事實上，今日中國，一個督撫如果沒有包攬把持的魄力，莫說打仗，就是辦別的大事也是不可能的。我

今夜祇點到這裏，至於爲什麼，老朽就不説了，撫臺以後慢慢地自會明白。』

張之洞知道，閻敬銘想要説的是，當今中樞決策者不是真正的治國之才，要辦出一番事業，祇能靠自己去獨立奮鬥，而獨立奮鬥的基礎就建立在包攬把持四字上。是的，這的確是今天强者爲政之奥訣。

張之洞帶着笑意説：『丹老，您今夜將恩師包攬把持這根金針度給了我。哪一天我在山西拿起這根金針，若對您有所觸犯，您可要對我網開一面啊！』

閻敬銘哈哈笑起來：『祇要你包攬得好，把持得對，户部不爲難你。』

『好，一言爲定！』張之洞端起閻敬銘的茶盃説，『我爲您沏一壺新茶。』

『好吧，老朽還要給你説點胡文忠公的故事。』

張之洞端上新沏好的茶，看看蠟燭不長了，又拿出兩支新的大紅蠟燭來點上。瞬時間，榆次縣老舊的驛館裏充滿了淡淡的紅光。窗外，夜色早已深沈。習慣早睡的山西人都已進入夢鄉，連桑治平、楊深秀房間的燈火也已熄滅。古老的榆次縣城，仿佛祇亮着這一對紅蠟燭。燭光下，大清王朝末期的兩代能吏，還在興致勃勃地談論着既深奥又淺白、既有跡可循又難以套用的中國仕宦之術。

『胡文忠公是個文武兼資的大才。曾文正公曾在一份奏章裏説過「胡林翼之才勝臣十倍」的話，世人都以爲這是曾國藩的謙抑。作爲他身邊的共事者，我知道這句話的分量。這句話固然是曾文正公的謙抑，但也不完全是，文忠之才確有不少方面超過了文正。文正爲人過於拘謹，文忠器局開闊，敢於爲天下先，憑湖北一省之地，建國中之國。這是需要極大的膽量和氣魄的。』

『憑湖北一省之地，建國中之國』。這句話給張之洞很大的震動。他重重地點了點頭，仿佛要將這

句話深深地鎸刻在自己的心扉。

『實在地説，不是文忠打開這個局面，也没有後來曾氏兄弟成就大功大業的基礎。文忠就是在壽考上欠缺了，哪怕是中壽，即多活十年，他的事業、勛望和地位，都不會在文正之下。』

夜深了，窗外吹進的風已帶着凉意。閻敬銘拿起床頭上的一件舊袷衣披上。張之洞看到袷衣的袖口上縫着兩塊大補釘，他在心裏又一次發出感慨。

『丹老，恩師去世時，世上有不少傳聞。有説恩師是因文宗爺賓天悲痛而死的，有説恩師是給長毛累死的，也有説恩師是因家事慪氣死的。您當時在他身邊，您應當最清楚了。』

閻敬銘摸着下巴上未加修剪的花白鬍鬚，想了一會兒後説：『文忠正當勛名隆盛的時候突然辭世，那年剛好五十。英年早逝，不僅他身邊的僚屬，可説是普天下的忠臣義士都因此而同聲悲悼，扼腕嘆息。一時間有關他的死因，傳説紛紛。你剛纔説的幾個原因都有。文忠受咸豐爺特達之恩，惋惜咸豐爺去世太早，心中悲痛萬分。武昌爲咸豐爺設靈祭奠，他每天早晚兩次都要痛哭，悲從中來，並不像許多人那樣祇是做做樣子。他本來就有病，悲傷過度更加重了他的病。與長毛作戰八九年，無時無刻不在憂慮交加中度過，心力交瘁，是他致病之因。所傳的家事煩惱，也不是空穴來風。』

『是不是爲嗣子之事？』張之洞試探着問。

胡林翼出身顯宦家庭，生母溺愛，早年頗爲放蕩，不知檢束，因此得了花柳病。到了二十三歲大徹大悟痛自改悔的時候，已爲時過晚，儘管他有一妻數妾，却没有得到一男半女。這是胡林翼終生最大的憾事，也因此而爲他的家庭帶來了最大的煩惱。臨去世的前兩年，他開始考慮過繼兒子的事。

胡林翼儻若有親兄弟的話，這事便不成難事。按習俗，親侄子過繼是理所當然的，哪怕衹有一個親侄子，這個侄子也可以一身兼祧，甚至可以名正言順地娶兩個正妻，兩個正妻所生的兒子分別繼承兩房的香火。儻若胡林翼是個普通人也好辦，從他的後一輩中任挑一個出來就行了，不會有過多的麻煩事出現。

然而，胡林翼既無親兄親弟，又身爲湖北巡撫，還加之有太子少保這樣令人目眩的崇高頭銜，事情就異常麻煩了。胡林翼同父的兄弟没有，同祖的堂兄弟却很多，誰不希望將自己的兒子過繼給他爲嗣子？一旦做了胡林翼的嗣子，則將繼承胡林翼多年浴血奮戰所换來的除官位和權力外的一切，比如萬貫家財良田美宅，皇上所賞賜的各種民間看不到的金玉寶物，及象徵貴重身份的狐皮黄馬褂和騎都尉世職。此外，還有一項特殊的榮耀和實用兼顧的好處。

清代制度，爲朝廷立了大功的高級官員死後，其子孫可以得到餘蔭。這些餘蔭包括：直接進入中央各部任職，或賜以舉人功名，一體會試。如曾國藩去世後，其長子曾紀澤承襲侯爵，次子曾紀鴻、長孫曾廣鈞均賞舉人，准一體會試，次孫着賞員外郎，三孫賞給主事，待成年後即分部學習行走。真個是封妻蔭子，榮耀至極。

不要看輕了『賞舉人』的好處。秀才成舉人，中間要通過一個關口，即鄉試。鄉試每三年舉行一次，全省一次録取約七八十個人，許多人一輩子就被卡在這裏，過不去。如曾國藩的九弟曾國荃，不可謂不聰明，但他一生的功名亦不過秀才而已，並未過舉人這一關。而曾廣鈞便仗着『欽賜舉人』這一便利，直接參加會試，二十三歲便中進士入翰林，完成了他的伯父和父親終其一生没有走完的科場之旅。

有這樣大的好處，胡林翼的同祖兄弟們，誰不想把它撈在自己的手裏？於是，人性中卑劣的一面，便因利益的争奪而全部暴露出來。送禮的，走門子的，互相攻訐揭短的事情都來了。眼看着一個孩子可以入選，却又突然冒出其母不守婦道，此子不是胡家血統的浮言，弄得那家主婦哭哭啼啼揚言要上吊投水。本來好端端的人人羨慕的益陽胡氏大家，因爲嗣子一事，鬧得彼此之間臉紅脖子粗，甚至成了生死對頭。胡林翼好幾次苦惱地對閻敬銘説，年近五十而無子，本已是人生之悲哀了，又因立嗣引起家族不睦，真是悲上加悲、哀上加哀。

閻敬銘把這一段往事説出後，特爲强調：『這事雖然加重了文忠的病情，但還不是致死之由，真正把文忠送上絶路的是洋人。』

『洋人？』張之洞頗爲驚訝地説，『恩師並没有跟洋人直接打過交道，此話從何説起？』

『是的，文忠並没有直接與洋人打過交道，但那時的武昌城裏已有洋人在活動。』閻敬銘的臉色頓時變得陰沈起來。『那是咸豐十一年八月份，文忠去安慶看望曾文正公，恰好咸豐爺晏駕哀詔下達安慶，文忠悲傷，急着要回武昌主持祭奠事。文正送文忠到長江碼頭。二人説起咸豐爺盛年駕崩，説起長毛猖獗時局嚴重，都爲國家的前景憂愁不已。正在這時，文忠停止了説話，兩眼直瞪瞪地望着江面。』

張之洞發覺閻敬銘兩眼死盯着漆黑的窗外，仿佛窗外便是安慶城下那條奔湧不息的大江。

『文正順着文忠的眼光向江面望去。原來，大江中流，正有一條高揚着米字旗的英國輪船，由東向西，迎着滾滾波濤逆江而上。在英國輪船的前面，有兩艘湘軍水師的長龍在划行。長龍是湘軍水師的大船，上面可坐百十來個人，氣勢宏大，甚是威武，長毛水軍見到長龍便膽怯。二人都注目看着。一

瞬間工夫，英國的海輪便追上長龍。它所激起的巨大水波，衝擊着那兩艘長龍左右晃蕩，揚起的水花，紛紛落在長龍的甲板上。甲板上的水手在抱頭逃竄，有的人已在卸風帆了。長龍上出現一片手忙脚亂驚惶失措的場面。這時，水師統領彭玉麟也來到他們二人的身邊。見此情景，彭玉麟氣得罵了一句：這些洋鬼子可惡！他瞥了一眼文忠，祇見他雙眼發直，臉色鐵青。一種不祥之兆在彭玉麟的心裏冒了出來。』

張之洞也感受到了一股氣氛上的冷酷，下意識地說：『彭公當時要是勸恩師回去就好了。』

『這是不可能的。』閻敬銘立即說，『作爲湘軍水師統領，彭玉麟與他的水師將士是血肉相連的，見到英國船在我們的大江上如此横行霸道，目中無人，他早就氣得咬牙切齒了。他是一定要看個究竟的，怎麼會勸文忠回去呢？』

說的也是。張之洞想，假設換上自己，也是會要看個究竟的。

『就在彭玉麟再將目光投向江面時，一樁意外的事情發生了。在兩艘長龍的前方，有一條舢板也正在江面上操練，來不及躲避，被後面劈波斬浪氣勢洶洶的英國輪船所激起的浪濤打翻了，舢板上的十幾個湘軍全部掉到江裏。英輪甲板上的水手拍手跳躍，幸災樂禍。轉眼間，這隻輪船便開出一兩里之外，將湘軍水師的長龍和舢板遠遠地甩在後面。彭玉麟氣得正要再罵的時候，猛聽得「哇」地一聲，文忠口吐鮮血，暈厥在地。急得文正和彭玉麟忙叫士兵們把他擡進附近民房。文忠醒來後，一手握着文正，一手握着彭玉麟，氣勢微弱地說：洋鬼子欺人太甚，我大清今後真正的敵人，不是長毛而是洋人。長毛成不了氣候，要不了幾年便可削平。洋人有堅船利砲，我們現在還不是敵手。洋人可惡，但洋人的船砲可愛。不學洋人造船砲的技藝，大清難以强大。他轉臉對着彭玉麟說，雪芹，湘軍水師的强大，要靠滌丈和你了。文忠說完這句話後又昏迷過去了，沒過幾天便溘然長逝。文忠是的的確確被洋人氣得嘔血而死的。』

深夜的榆次驛館，一片沈寂，張之洞感到渾身涼颼颼的。胡林翼臨終前的這段話，久久地在他的腦中盤旋。龍樹寺吳大澂砸俄國懷錶，衆清流發誓不與洋貨沾邊的悲憤情景，又在眼前浮現着。一時間，他仿佛覺得自己在這件事上突然有了新的領悟。他喃喃自語似的說着：『恩師在世上所留下的最後幾句話，是金玉良言，值得我們深思。』

『老朽今夜之所以要鄭重其事地把這事告訴你，也就是希望能引起你的深思。』閻敬銘把袂衣上的布扣扣上。『老朽後來做湖北藩司、山東巡撫，接觸過不少洋人，又有幸和郭嵩燾星使長談過，聽他說起英、法等國許多我們見所未見、聞所未聞、想所未想的事。看來，泰西之所以國强民富，自有他們的長處，值得我們倣法。文忠可惜死早了，不然的話，他在這方面應會有一番大的興作。老朽現在雖蒙太后特達之恩，但已是桑榆暮年，做不了多少事。撫臺年富力强，國家的事情要靠你這樣的人來做。』

張之洞被閻敬銘這最後一句話所打動，隱隱約約感覺到，中國是有一番新的事業在等待有識之士去做。這番事業就是所謂的夷務嗎？這可是要受官場士林衆多攻訐的事！見新添的蠟燭又將燃盡，知夜已經很深了。明天都還得有一番旅途勞累，便起身對閻敬銘說：『丹老，您今夜所講的恩師如何處世爲政，對我的啓益很大；尤其恩師嘔血而死的這樁事，對我更是一個震動。您也很累了，應該休息了。到了太原後，我再向您請教。』

閻敬銘也起身說：『今夜就說到這裏吧，到太原後我們還可以再詳談。同治六年，陶夫人將文忠

生前文稿付梓，刷印了三百部。承蒙陶夫人看得起，送了我一部。這些年來，我每年都要通讀一遍，並隨時寫點感受在上面。原想爲小兒存一份資政借鑒，怎奈他們不成器，老朽也不想明珠棄暗，將它從解州帶了出來。以撫臺與胡家之關係，陶夫人自然會寄贈的，想必你對老師的遺集也會認真去讀。但老朽的那一套，上面寫了十來萬字的劄記，都是有感而發，或許多少能對撫臺有點啓示。』

閻敬銘從隨身的樟木箱子裏取出一個藍色粗布包，打開藍布，露出整整齊齊的十餘冊書來。閻敬銘雙手托起這套書，神色莊重地對張之洞說：『老朽感激撫臺多次薦舉之情，無物酬謝，現將乃師的遺著轉送給你。這是乃師一生心血的結晶，不識者祇把它當成一部普通書看待，識者便知此乃一座取之不盡用之不竭的寶藏。願撫臺公務之暇隨時披覽，莫辜負乃師生前對你的恩惠和老朽對你的期望。』張之洞鄭重地接過這叠厚重的書冊，突然有一種佛教徒接受衣鉢似的感覺。他輕輕地翻開封面，赫然見扉頁上寫着一段話：

> 潤芝兄多次說過『得人者昌，失人者亡』的話，這或許是他一生事業成功的根本所在，亦或許是此遺集的精髓所在。閻敬銘光緒八年第十五次通讀後記。

他再翻開後面幾頁，祇見每頁的天頭地脚上都有密密麻麻的字跡。張之洞合上書，激動地說：『這部書不僅是恩師一生心血的結晶，也是您一生心血的結晶。您沒有將它傳給自己的兒子，而是送給了我。此情此誼，我會終生銘刻在心。恩師的遺集雖多遍誦讀過，但先前不負實責，讀來總有隔靴搔癢之感。今後再讀，心將會與恩師貼得更近。何況這上面有丹老您的許多認津識渡的指教，將更會使我獲事半功倍的收益。我初爲疆吏，雖有滿腔爲三晉父老辦事之心，却苦無良方，今後尚望丹老時常賜教。山西窮苦，銀錢極匱。丹老寓居解州十餘年，對山西之困苦，會比我知道更多，同情更烈。

此番進京執掌户部，還望老前輩今後在下撥銀錢、周濟貧困、減免賦税等方面，對山西略存憫惻之念。我今夜以山西巡撫的身份，代三晉一千萬父老鄉親向丹老懇求了。』

說罷，雙手抱拳，深深地一鞠躬。閻敬銘雙手撫着張之洞的肩頭：『撫臺免禮，老朽自會盡力而爲。』

三　終於找到了藩司一夥貪污救災款的鐵證

閻敬銘在太原城住了五天後，在侄孫和山西巡撫衙門專門派出的一名武巡捕的陪同下，離開太原徑赴北京履任。張之洞指示清查局按照閻敬銘所教方法辦事。

馬丕瑶將光緒三年賑災時期的虛銜執照全部調出來。二千張執照發出了一千五百餘張，其中捐六品至四品中級品銜的有三百餘張，佔全部捐款的一半，約二百五十萬兩。這中間捐四品和從四品兩種品銜的有四十二人，共一百三十八萬兩。這四十二人全是票號的老闆。

票號亦稱票莊，又稱匯兌莊，是銀行業在中國出現之前，中國近代社會中的一種信用機構，經營匯兌、存款、放款等業務。據說此種機構明末清初時首創於山西，又說是乾隆嘉慶年間，由山西平遥籍商人在天津所設的日升昌顏料號改組而成。總之，票號多爲山西人經營，故有『山西票號』之稱。在咸豐、同治年代，山西票號業務十分興隆。光緒年間又有新的發展，其分號遍佈全國各地，有幾家大的票號正準備在東京、莫斯科開辦海外分號。山西窮苦，山西的金融業却這樣發達，這真是一件令人深味的趣事。

『信任』二字是票號的生命。雄厚的資本、經營者守信義重諾言等等，都是票號獲取信任的極爲重

要的條件。然而，在中國，一切行業，都必須和官府拉上親密的關係，有官府做後臺，官府給臉面，纔能在百姓的眼中有地位。依傍官府，則是票號換取信任的重要手段。故而，票號老闆都加强與官府的聯絡。不但要與撫、藩、臬這三個實權在握的衙門保持密切的聯繫，還得支持官府所提倡的事情。所以，山西票號的老闆們，對於官府號召的捐款賑災不敢怠慢。這是其一。

其二，票號老闆儘管有金山銀垛，日食山珍海味，夜宿豪華宅院，出則前呼後擁，入則妻妾成群，但他們終究是民而不是官。在翎頂輝煌的會議酒宴中，沒有他們的一席之地；在衣冠袞袞的公衆場合，主持者也不知把票號老闆擺在哪個座位上。這些腰纏萬貫的闊佬，常常會因此而尷尬而沮喪而臉上無光。所以，他們要用銀子來買頂子，銀子多的票號老闆，則希望買一個品級高的頂子。衹是因爲朝廷有規定，用錢買官的，最高不能超過四品，若沒有這個限制的話，他們中也有人寧願出幾十萬，上百萬兩去買個一、二品的紅頂冠在自己的頭上。他們爲的不是權，而是爭個社會地位，取得社會的認可，好讓芸芸衆生知道：讀書從政是一條通向成功之路，經營票號也同樣是一條通向成功之路，同樣也可以達到人生的高峰，贏得榮耀和風光。這也是所有發達的票號老闆樂於用銀子來換取虛銜執照的重要原因。當然，同時也因此爲票號爭得了更大的信任。可以設想下，一個票號的老闆是四品銜的官員，一個票號的老闆是無品無級的布衣，有錢人對哪家票號更信任？他的銀子更願意存入哪家票號？在中國，這是個答案很簡單的問題。

這些票號的老闆，儘管本人在全國各大分號來回巡視，但他們的根子都還扎在原籍。通常在原籍都有大莊院和大片的田土，或由父親，或由兄弟，或由嫡妻掌管家政，虛銜執照這種朝廷頒發的重要文書，照例都保存於原籍的老家。因此，查覈正本並不是一件難事。

清查局派出六名委員，分頭到這四十二家票號老闆的原籍去查覈。兩個月後，這些委員都相繼回到太原。果然如閻敬銘所料的，此行收獲巨大。四十二個老闆家中所保留的正本，上面所書寫的捐銀數量，除七人與副本相符外，其餘三十五名的正本均與副本不符，正本的銀數一律多於副本，相差大的達三千兩，相差小的也有八百兩，總共有七萬餘兩，約佔四十二名老闆所捐款的二十分之一。一千五百餘張虛銜執照共換來五百餘萬兩銀子，照此推算，當有二十五萬兩左右的出入。

楊深秀所提供的原始記録也起了很大的作用。他衹記録了兩個半月的捐款細目，將這張細目與保存在藩庫裏的，由徐時霖簽名的一千二百餘張軍功牌副本上的銀數相比，有二萬兩銀子的出入。

現在情況大致明白了。在光緒三年賑災期間，由藩司葆庚主持，冀寧道員王定安爲副手，以陽曲縣令徐時霖爲主要辦事人的善後局，在接受捐款一項中，有確鑿證據的貪污銀子爲九萬兩，懷疑貪污銀子三十萬兩左右。

張之洞看到清查局送上來的這份稟帖，不由得怒火中燒。這可不是尋常的貪污，它貪污的是救災的銀子。在那大災大荒的年月，一兩銀子就是一條人命呀！身爲朝廷命官，手握朝廷授予的權力，處於百姓父母官的地位，掌管着百姓的生死命運，卻利用權力去中飽私囊，置百姓的生死於不顧，真正是良心喪盡，天理不容！張之洞恨不得即刻就將葆庚、王定安等人抓起來，綁赴街市，殺頭示衆，以平民憤而大快民心。但他們身爲司道大員，不能如此簡單從事。他和桑治平商量着。

桑治平說：『閻丹初先生明知山西賑災款裏出了事，也明知葆庚、王定安等人有貪污嫌疑，但他就是不出聲。既不向朝廷奏報，也不向曾國荃、衛榮光揭發，假若這次若不是去京師任户部尚書，他可能還會緘默不語。這是爲什麽？』

張之洞說：『你這個疑問提得好。依我看，不外乎兩個原因。一是身處客位，雖有懷疑，不便去一一查實，手中沒有真憑實據，則不便挑明。二是明哲保身，多一事不如少一事。』

桑治平兩隻手來回地搓了很久，說：『這兩個原因是不錯，不妨還可深入思考一下：閻老先生以賑災欽差大臣的身份，來告發山西的司道大員貪污賑災款，他自己覺得可能不合適。要說顧慮，他最大的顧慮可能是那個曾九帥。前幾年，曾九帥在山西，葆庚爲其所信任，王定安又是其一手提拔的心腹。曾九帥不願意傷害這兩個人，況且身爲一省之主，賑災款中出了這樣的大問題，巡撫也難逃其咎。閻老先生是深知曾九帥的爲人的，若觸及此事，他會來個一手遮天，全盤否定。衛靜瀾膽小怕事，既怕麻煩，更怕得罪曾九帥。故而歸根結底，山西的事情都在曾九帥身上。香濤兄，你要先有這個準備，得想想如何對付那個恃功自傲，又得到太后信任的威毅伯。』

『我不怕那個威毅伯！』張之洞毫不猶豫地說，『去年二月，授他陝甘總督重任，朝廷倚重他，他却在老家養病，居然一養半年不赴任。八月，我上疏太后，說陝甘重地，不可久無總督，曾國荃既然病情嚴重，不如開缺，讓他安心在家養病。結果朝廷真的將他開缺了。要說得罪，我早已得罪了他。』

桑治平笑道：『這兩者之間有所不同。去年那道奏疏，固然是對曾九帥不客氣，但沒有傷他的面子。他可以說自己的確是重病纏身，說不定他是不願意去蘭州那個苦地方，巴不得你上這道摺。你看他今年放兩廣總督，接旨就起程了，前後判若兩人。同是總督，他願意去廣州，不願意去蘭州。若去年放的就是兩廣，他決不會在湘鄉呆半年。』

張之洞也笑道：『正是的哩，你說到他的心窩裏去了，我倒真的是小罵大幫忙了。』

桑治平說：『這次不一樣。葆庚、王定安都與他關係密切，他至少有失察之誤。曾九帥是個極霸道的人，給他臉上抹黑，他不會善罷甘休。』

『他不善罷甘休又怎樣？』張之洞有點氣憤起來，『大不了他反咬一口，告我一個誣陷之罪，要朝廷撤掉我這個巡撫之職，我也不怕。何況，衹要證據確鑿，他也反咬不成。』

『你有這個準備就好。』桑治平沈吟片刻後說，『閻老先生不願以共事人的身份揭發對方，他的這種謹慎的處事方式也不是不可傚法的。我看，這事是不是可以這樣辦。』

『你說怎麼辦？』張之洞兩眼盯着桑治平，急切地等着他的下文。

『我們把證據辦得扎扎實實的，然後再把這些證據弄到京師去，請你過去的那批朋友張佩綸、陳寶琛他們上一道參劾摺。這樣做，或許更妥當些。』

張之洞想了想，說：『也好，把這個功勞送給幼樵、弢庵。我叫叔嶠去協助馬丕瑶，把文字理得順暢些。』

就在巡撫衙門商量如何懲處貪官污吏的時候，藩司衙門也在緊張地計議如何對付這位辦事認真的名士撫臺。

還是葆庚三姨太臥房後面的絕密煙室，過足了公班土癮的徐時霖，帶着揶揄的口吻對王定安說：『鼎翁，你的三條妙計：勸阻、包攬、美人，現在看來一條都沒有起到作用。你還有什麼別的法子可想嗎？該不是到黔驢技窮的時候吧！』

王定安焦黑乾瘦的臉上一副陰冷的神色，他瞥了徐時霖一眼說：『徐縣令，你別幸災樂禍。張之

洞若真的把什麼都抖出來的話，我王定安過不了關，你徐時霖的七品烏紗帽也保不住。』

本來躺着的葆庚一屁股坐起來，面色沮喪地指責小舅子：『你還有心思説風涼話，大家都坐上一條漏水的船了，要得救大家都得救，要沈大家都沈！』

徐時霖頓時感受到一種滅頂之災的威脅，心裏一緊，閉着眼不再説話了。

煙室裏一片沈寂。儘管未燃盡的煙泡仍在散發着誘人的餘香，但三個煙客已再無吸食的心情了。

『大家還是得同舟共濟，商量出一個法子來度過這一關纔是。』葆庚離開煙榻，在屋子裏邁着方步，一向肥胖的他，這兩個月來因焦急害怕已明顯地消瘦了，素日轉動靈活的兩隻小眼睛也變得呆滯了。他朝着王定安説：『鼎翁，你多年來跟着曾文正公和九帥，見過大世面，踏過大風浪，你難道就再拿不出個主意了嗎？』

王定安仍舊斜躺在煙榻上，手捻着老鼠般的稀疏黃鬚，一言不發，兩隻眼睛盯着煙燈出神。

『你們都不做聲，我倒有一個辦法。』葆庚停止邁步，斜躺的王定安、盤坐的徐時霖都注視着他。『我們都敵不過張之洞，我看乾脆主動向他自首算了。一共虧空多少銀子，我們墊上。我知道鼎翁在太原城幾家大票號裏都入了股份，這幾年生了不少息，你的那一份拿出來不成問題。我的銀子，兄弟捐官，兒子娶親，都用空了，一時拿不出，鼎翁你就先借我幾萬吧！』

徐時霖立時叫起來：『我的銀子也空了，一時也拿不出，鼎翁也借我幾萬吧！』

『嘿嘿！』王定安未開言先冷笑了幾聲，『葆翁，你這話是在逗我呢，還是真向張之洞投降？』

説罷也坐起來，兩眼直勾勾地望着葆庚。葆庚覺得那兩道目光，猶如兩把尖刀似的直插進他的心窩，刺得他發痛。

『不瞞二位説，銀子我拿得出，十萬二十萬，那些票號的老闆都是講義氣的漢子，可以借給我，但這算是主意嗎？葆翁呀葆翁，虧你做了這多年的方伯，你以爲把挪用的銀子墊補上，你就可以安然過關了嗎？一個吏目或許可以免去坐班房，一個正三品的布政使還能保得住頭上的藍寶石頂子嗎？辛辛苦苦混到這個地步，你就甘心到頭來竹籃打水一場空？』

『那你説怎麼辦呢？』葆庚也知道這個法子並不好，他是想先賠出貪污款，以此來贖免更重的處分。革職是免不了的，衹要不充軍不囚禁，他在京師閒住兩年，憑着家世背景和人脈關係，再加上大把的黄金白銀，不愁開復不了。一旦開復，他確信過不了幾年，這頂正三品官帽又會穩穩當當地重新戴上。當年琦善因丢失香港，先是被革職抄家，没幾天又奉嚴旨在廣州就地處決。結果，既未就地處決，也未秋後處決，發往軍臺効力不到一年，便賞四等侍衛，充葉爾羌幫辦大臣。第二年又賞三品頂戴，升熱河都統。再過三年，授四川總督，恢復頭品頂戴協辦大學士。五年時間，一切復原。琦善那大的罪，那重的懲罰，他靠的什麼來轉圜，還不是一靠家世，二靠人脈，三靠金錢。相對於琦善來説，貪污幾萬兩銀子算得了什麼？作爲豫親王的後裔，葆庚深知朝廷的法典，像他這種人，衹要不殺頭，就一切都好辦。大難到頭，先設法免去皮肉之苦，纔是當務之急。

『我説怎麼辦？讓他張之洞辦不成！』王定安猛地從煙榻上坐起來，一副跟張之洞幹到底的氣勢。

『怎麼個讓他辦不成法？』葆庚似乎從中看出一綫生機。

興許是剛纔坐起太急，王定安有點氣喘喘地説：『我們趕緊擬個摺子，搜羅張之洞來山西一年來各種不當之事，坐他個瀆職之罪，建議朝廷罷去他的山西巡撫的職務，他就什麼事都幹不成了。』

『張之洞有瀆職的罪行嗎？』徐時霖提出疑問。

『怎麽没有？』王定安冷笑道，『私自動用兵丁下鄉鏟除罌粟苗，就是一條大瀆職罪。你們都知道，方濬益説的，全省因此事造成的人命案就有七八起，燒去房子不下二三百間，這個罪還不重嗎？』

『對啦！』徐時霖拍起手來，『這一條就够他受了。』

葆庚想起當時自己也很賣力地執行這個命令，儻若要認真清查起來，自己也逃不了責任，何况這事還要牽連提督葛勒爾，於是摇摇頭説：『這事是張之洞和葛勒爾共同辦的。葛勒爾是個翻臉不認人的魔頭。他若知道是你我告發了他，説不定會拿刀子捅了我們！』

葛勒爾的性格王定安也是知道的，葆庚説得不錯，惹惱了他，弄不好半夜被人劈了，還找不到對頭。

王定安心裏一陣發毛，也不敢堅持了。

見王定安不開口，葆庚説：『我們請九帥幫忙吧，若九帥出面講話，一切都没事了。九帥一個小指頭，就把張之洞扳倒了。』

『你也説得太容易了！』王定安擡起頭來，面上帶有幾分憂鬱的神情。『張之洞這個人也不是好惹的，去年他就戳了九帥一下。』

葆庚説：『九帥正好要找個藉口出氣呀！』

『九帥離開了山西，他又怎麽好再來過問山西的事呢，得爲他找個理由纔是。』

『我看也不要麻煩九帥了，乾脆，來它這麽一下！』徐時霖咬緊牙關，伸直右手掌，用力晃了晃。

葆庚一見，頓時臉黑了，王定安也呆住了。

徐時霖走到二人的身邊，三顆腦袋靠得緊緊的。

徐時霖低聲説：『過幾天就下手，到時朝廷查的就是命案了，誰還會再管五年前賑災的事！』

葆庚唬得直盯着王定安。王定安木頭似的立了半天後，輕輕地點了兩下頭。

三顆腦袋靠得更緊，説話的聲音也更輕微了。

四　巡撫衙門深夜來了刺客

前幾天，護送閻敬銘到京師的郭巡捕回到太原，帶來閻尚書給張之洞的一封信。信上説，在拜見太后時，他已將寓居山西多年來親眼所見的弊端，擇其大者跪奏太后，還着重談了清查藩庫的事。太后用心聽了奏對，説張之洞辦事實在，山西大災後尚未復原，户部要照顧山西。

張之洞讀到這裏，心情很激動。『辦事實在』這四個字，無疑是對自己到山西一年來所作所爲的嘉奬。這對參劾葆庚、王定安，以及徹底清除山西官場三十年來的這樁大積弊，是一個莫大的支持。他十分喜悦地讀下去。

接下來，閻敬銘告訴張之洞，要充分利用太后『户部照顧』這道口諭做文章，將山西幾樁積年未決的大弊端，如晉鐵貢輸一百年來脚費一直未提高等迅速奏報，我這個户部尚書將盡力來辦。

這真是一件大好事！類似貢輸晉鐵這樣的事，在山西真是太多了。山西本是貧瘠之省，銀錢一向十分短缺，還要無端地增加這些負擔，從而招致百姓更大的怨恨，也使得百姓更爲貧困。現在，閻敬銘以户部尚書的身份，願意出面來解決山西這些積欠的大問題，豈不是天賜良機！張之洞再次領悟到『朝廷有人好做官』這條古訓，自思這幾個月來對閻敬銘所下的功夫没有白費。

張之洞安排桑治平和楊鋭辦理此事。經過他們二人多方查尋訪問梳理歸納，一共列出了十七項因公家經費不足，不得不向百姓攤派的弊政。這十七項分別爲：鐵、潞綢、農桑絹、生素絹、呈文紙、毛頭紙、京餉津貼、科場經費、歲科考棚費、兵部科飯食、印紅飯食、秋審繁費、臬書飯食、臬府縣三監繁費、土鹽公用、各府州歲科考經費、交代繁費，共需銀三十萬兩左右。

張之洞看過單子後大喫一驚。一來山西，便聽説各種攤派嚴重，却没有想到攤派的項目這樣多，爲數這樣大，而且大多毫無道理。十七項攤派一項一項地攤下去，無異於在百姓已經疲勞不堪的脖子上，再套上一根根要命的繩索。弊政單的最後面引了靈丘一個老農的話：『俺們老百姓好比一棵白菜，官府的一次攤派好比剥去一片菜葉，一年下來，葉子都被剥得精光，衹有等死。』張之洞讀了這句話，心裏沈痛極了。

自古以來，朝廷設官置衙，爲的是什麽？還不是爲了能讓老百姓安居樂業、平平安安地活下去嗎！可是由於機構繁多、人員冗雜，而且還要貪污中飽，老百姓的血汗膏脂幾乎被榨乾。官衙不但不給百姓造福，反而給百姓添禍。如此看來，這些官衙豈非不要更好！而更令人憂慮的是，朝廷首先帶了這個壞頭，把負擔轉嫁給各省。上行下傚，又豈能過多地指責州縣保甲？

張之洞細細地審查這些項目，其中京餉津貼引起了他的特別注意，這是一項給京師低級官員的津貼費。

張之洞做過多年的小京官，深知小京官的俸禄太低。地方官吏的正俸儘管也很低，但年終的養廉費頗高，足以填補平日的虧損，而各部院小京官的養廉費却很少。握有實權的六部尚有人進貢，而號稱清水衙門的翰林院、國子監則幾乎無分文額外收入，這些衙門裏的小官吏若不尋點歪路子，簡直連一家老小的正常開支都不够。張之洞實在不明白，開國之初是如何制定這一套薪俸制度的。小京官中許多人也有權，小京官也要講體面，當體面都維持不下去的時候，他們自然會要利用手中的權力，去謀求一己的私利，從而壞了國家的法規。朝廷訂這樣的薪俸制度，豈不有意將官吏逼上梁山？

朝廷直到近年來纔開始給小京官發津貼。發津貼是對的，但要從國庫開支，不能由各省分攤，將這筆負擔轉嫁各省。

張之洞雖然對朝廷這種做法不滿意，但知道『撤京餉津貼』這條不能提，一提就會得罪京師所有小京官。小京官若群起而攻之，則很有可能這件事就辦不成了。其結果衹能是一項攤派都免去不了。不能因小失大。有的是山西省內的事，如歲科考棚費，也不應上轉給朝廷。張之洞爲此剔除了一些項目。剩下的如鐵、綢、絹、紙等幾個大項，加起來也有二十餘萬兩銀子。若能免去這些攤派，也就解決大問題了。

張之洞拿起筆來，在桑治平、楊鋭報上來的禀帖上寫了幾句話，要他們分別就鐵、綢、絹、紙幾項單獨擬摺，屬於省內的攤派，容日後逐一解決。

寫完這段批語後，夜已經很深了。他離開書案，慢慢地走動幾步，藉以活動筋骨。這時，楊深秀推門而入。

『已二更天了，您還没睡？』

『你不也没睡嗎？』張之洞案牘倦煩，正想找個人來聊聊天。『坐一會吧，我剛收到一簍我姐夫從福建寄來的鐵觀音，想喝嗎？』

楊深秀生性豪爽，又喜歡喝茶，忙說：『福建的鐵觀音是天下名茶，既是鹿藩臺寄來的，必定是鐵觀音中的極品。大人有這等好茶，我怎能不喝？』

張之洞的姐夫鹿傳霖三個月前奉調四川藩司，離開福建時，特爲給內弟寄了一簍新茶。兩年前，張之洞還衹是一個侍讀學士時，鹿傳霖便已是福建臬司了。這兩年張之洞吉星高照，官運亨通，一連幾個大躍步，而今官位已超過姐夫。鹿傳霖幹練穩重，一向官運好，現在纔四十七歲，便已做到藩司，也算是有福之人。郎舅倆關係親密，常有書信往來。

楊深秀剛坐定，大根便提着一壺開水進來。不管多晚，衹要張之洞没有就寢，大根就不睡覺，這是十多年來的習慣。來到太原後，大根知道四叔身爲一省之主，身邊又無夫人照顧，便更加自覺地承擔起照料四叔的一切事宜。春蘭來後，也和丈夫一樣，每晚都要等張之洞睡下後再安歇，爲的是好隨時照應。

大根泡好了兩盃茶。一盃遞給四叔，一盃遞給楊深秀，然後又提着茶壺出去了。

楊深秀笑着說：『福建人喝鐵觀音，專門有一套程序，不是這樣用大碗泡。』

張之洞說：『這我知道。但那程序太麻煩，那是無事做的人想出的一套消磨時間的法子，我耐不了那個煩。』

楊深秀喝了一口後說：『這茶味是不錯，真不愧爲天下名茶。若是福建人泡出來的，或許會更好。』

『你這人是得寸進尺。』張之洞笑道，也喝了一口，『就這樣喝，我已經很知足了。』

楊深秀說：『我剛纔在楊叔嶠那裏閒聊，出門時見您這兒還亮着燭光，想起了一件事，要跟您稟報，不知您今夜有没有功夫？』

『什麼事，你說吧！』張之洞重新坐到書案邊，順手將攤滿一桌子的稟帖收拾着。

『那一年，我幫縣衙門謄抄全縣地畝錢穀賬目時，發現一個問題。』

『什麼問題？』張之洞雙目炯炯地望着楊深秀。

『聞喜縣的地畝數與實際情況不符。』楊深秀一邊喝茶，一邊慢慢說，『首先，我看到我們青石堡的田畝數爲六萬八千畝，這個數目便不對，我們青石堡實有田地七萬四千畝。這是家父做保長時親自督人丈量出來的。後來我問了幾個朋友，他們所在地的田畝數也比縣衙門所載的要多。』

『爲什麼會有這種事出現？』張之洞放下手中的稟帖，皺起眉頭問。

『我也想過這事，爲何會有六千畝的出入呢？』楊深秀略停片刻說，『後來想通了。原來，聞喜縣的田畝還是道光二十二年時丈量的，距今已整整四十年。這四十年間新開了不少荒地，這些新開的荒地都没有算上。這是其一。其二，當年丈量時就不準確。許多大户人家爲了少交田畝稅，買通丈量人員，隱匿了田畝。這原是歷朝歷代都有的事，本不爲怪。聞喜一縣如此，其他縣也差不多，全省加起來，這筆數字就不小，大爲影響藩庫的收入。』

『嗯。』張之洞輕輕地點頭，『你說得對，看來要重新來一次丈量田畝。』

『大人這個想法太好了。』楊深秀大爲興奮起來，『四十年没有丈量了，很有重新丈量的必要。這首先是爲了摸清我們山西的家底子，看看究竟有多少土地。我想，大人身爲三晉的撫臺，這個數字是一定要準確的。其次，山西貧困，稅收主要靠的是田畝稅，把多出田畝的稅收上來，是一筆可觀的收入。』

『好！』張之洞高興起來，『濟邨，你說的是一條增加稅收的光明正道。』

『謝謝大人的嘉獎。』

『你有什麼好的丈量土地的方法嗎？』初爲地方官的張之洞毫無這方面的經驗。

『有！』楊深秀胸有成竹地說，『每每看到魚身上長的鱗片時，我就想，難怪魚能保護自己，原來是一片緊挨着一片，沒有一絲地方裸露着，嚴嚴實實地，別的動物要傷害它，都無從着手。』

張之洞饒有興致地端詳着眼前這位剛過而立之年的舉人，心裏想：魚身上的鱗片誰都見過，但誰也沒有從魚鱗上得到過什麼啓發，這個年輕人會有什麼啓發呢？

『我時常想，哪天我若做上百里侯的話，一定要模倣魚鱗片，把全縣的土地一一弄清楚。』

『如何模倣法？』張之洞覺得這話說得很有趣。

『是這樣的。』楊深秀不慌不忙地說，『我把我所管轄的縣的地圖放大，放到在它的上面可以標出每一個村莊的名字來。然後再以村莊爲單位，畫出它的前後左右的界綫出來。這就好比一片魚鱗。一個村莊挨一個村莊，這就是一片魚鱗挨着一片魚鱗的道理，不讓中間有一點空隙。丈量的人員由縣衙門統一派出，與所丈量的村莊的人一個都不認識。若誰與本村的人有親戚朋友關係，則避開，好比考場上的迴避一樣。如此，任你哪個大户人家要隱匿土地都做不到。』

『你這是個辦法！』張之洞讚道。

『每個縣都重新造出一個以村莊爲單位的田畝册來上報給省。』

『這個册子便叫做魚鱗册。發明者，聞喜楊濟邨也。』張之洞說着，忍不住大笑起來。

『楊某榮幸之至！』楊深秀也大笑起來。

第五章　清查庫款

楊深秀離開好一會兒了，張之洞還處在興奮之中：罌粟苗已全部拔除，鴉片煙已全面禁止，庫款清查已初見成效，山西幾個大積弊的革除也已得到朝廷的重視，楊深秀的魚鱗册點子也出得好，完全可以照此辦理。來到山西一年多了，雖然不盡如人意之處還很多，但所辦的幾件大事看來進展都還順利。首任疆臣，便能有如此政績，也可聊慰平生。張之洞想，做個地方大員也沒有多大的難處，朝廷有人撐腰，身邊有人扶腳，這是兩大關鍵。有了這兩條，地方大員就可以做得堂堂皇皇風風光光。遠處傳來一聲鷄鳴，估計將到三更天了，他趕緊吹滅蠟燭，上床睡覺。

張之洞身體素來不太强壯，但精力却特別旺盛。來到山西後，更覺各種政務千頭萬緒，一天到晚十二個時辰不喫不睡不休息，都有處理不完的公事。山西官場疲沓懶散，他更需以本身的勤於王事來作表率，於是給自己立下規矩：每天丑正二刻起床，寅初閱公牘，辰初開始見客，中午不休息，下午繼續辦公，亥初就寢。一天睡覺不到三個時辰，好在食眠很好，一天的繁雜能應付得遊刃有餘。張之洞這種過人的精力，令他身旁的僚屬個個佩服而自嘆不如。

不知什麼時候，他突然被窗外的金屬碰撞聲驚醒。他慌忙下床，推開窗門看時，衹見兩個黑影正在灰蒙蒙的月色下拚死格鬥。手無縛鷄之力的張之洞給驚呆了。

略爲定定神後，他看清了，那個揮舞着鐵鏈子的正是大根，然則大根是在跟誰厮打呢？是竊賊，還是刺客？大根武藝好，一根鐵鏈，上下左右揮舞着，猶如一條蟒蛇纏身，使得對方攻不進來。對手也是個强者，一把刀前後砍殺，寒光閃閃，猶如魔鬼的長大獠牙兇惡可怖，步步向大根進逼。眼看着大根不能一時取勝，張之洞顧不得巡撫的尊嚴，對着窗外大聲呼喊：『來人呀，有賊！』

拿刀的漢子猛聽得這一聲喊叫，心一分神，手便亂了陣勢，趁着這個當兒，大根揮起鐵鏈打過去，正打在那人的右手上。『哐啷』一聲，刀子掉在青磚地上，那漢子拔腿就向院墻奔去，企圖跳墻逃走。這時，住在前面簽押房隔壁的楊鋭、楊深秀等人，正拿着棍棒走出。大根大叫：『攔住賊，莫讓他翻墻！』漢子見又來了幾個人，心有點慌，正想換一個方向逃命時，大根已趕上來，鐵鏈一甩，打在那人的大腿上，那人隨即仆倒在地。楊鋭等人追上來，一起把那人抓住了。

此時，整個巡撫衙門都鬧騰起來，平時接待客人的花廳燈燭輝煌。張之洞端坐在居中的太師椅上，怒目注視被五花大綁押上來的賊犯。那人渾身着黑色夜行服，年紀在四十歲左右，一臉橫肉上長滿絡腮胡子，儘管竭力裝出一副鎮定的神態，却掩蓋不住兩隻眼睛裏流露出來的驚恐之色。大根使勁將賊犯的兩肩一壓，那人『撲通』一聲跪了下來。

張之洞瞪起兩隻長大的眼睛，粗短的眉毛鎖成兩個黑團，碩大的鼻子擋住了從右邊照過來的燭光，使得左邊的臉黑沈沈的。楊鋭偷眼看張之洞，一向藹然可親的恩師，今夜居然這般森猛威嚴，心裏不免冒出幾分畏懼來。張之洞用力拍打着太師椅扶手，大聲吼道：『你是什麽人，深夜拔刀到巡撫衙門來做什麽？』

那人望了一眼張之洞，低下頭來，緊咬着嘴唇不開口。

張之洞氣得又大聲問：『你叫什麽名字，做什麽事的？』

那人還是不開口。

大根氣道：『打他一百棍子，看他説不説話！』

説罷，抄起楊鋭手中的棍棒就要打下去，張之洞制止了他。張之洞强壓住滿腔怒火，聲音略爲放

低了些：『你知不知道，深夜拔刀闖巡撫衙門，犯的是殺頭示衆的死罪？』

那人擡起頭來，兩眼放出一絲悲愴之色來，嘴皮動了兩下，似乎有話要説，但最終還是没有做聲，又把頭低了下去。

聞訊急速趕來的桑治平，將這一切都看在眼裏，他對張之洞説：『此人看來不是一般的竊賊，不如暫時不審，先關押起來，明天再説。』

張之洞也看出事情頗爲蹊蹺，同意桑治平的意見，將賊犯交給楊鋭看管，又命令所有人不得將今夜發生的事向外泄漏半點，然後吩咐熄滅燈燭，各自照常安歇。

次日清晨，張之洞來到簽押房裏批閲公文。一尺餘高的公文堆上打頭的是一份信函，上面寫着：巡撫張大人親啓。張之洞順手拆開，抽出信紙來。『潞安府教民寧道安謹禀張撫臺』，剛看了這一句，張之洞便氣得看不下去了，心裏想：一個小小的百姓，衹因信了洋教，便仗着教堂的勢力，眼睛裏就没有府縣父母官了，動輒徑向巡撫上書，豈有此理！此風決不可長。他提起筆來，在上面批道：『原信擲回。該教民既住潞安府，有事則向長治縣衙門禀報可也。』

正在氣頭上，楊鋭神色慌亂地走了進來，雙腿跪下，帶着哭腔説：『昨夜的賊犯突然死了。學生看管不嚴，請老師懲處。』

『什麽！』張之洞霍然站起，大爲光火。『賊犯死了，怎麽死的？』

楊鋭被張之洞的神情嚇住了，愣了好一會兒，纔顫顫抖抖地説：『昨夜奉老師之命，我將賊犯押到一間堆放碎煤的雜屋裏，看着他。不一會，那賊犯便閉着眼睡覺了。學生困乏得很，看他睡覺了，以爲無事，便回房上床睡了。一早醒來趕到雜屋，發現他已死了，便趕來報告。』

這個賊犯深夜來巡撫衙門究竟要做什麼也沒弄清，說不定這後面有着很複雜的背景，正要審訊清楚，怎麼能讓他就這樣不明不白地死了？這個楊叔嶠，真是年輕不曉事！他狠狠地盯了一眼楊銳，氣呼呼地擦身而過，手臂將學生撞倒在地上。他頭都不回一下，直奔雜屋而去。楊銳爬起來，顧不得頭被地磚碰得生疼，一路小跑地跟在老師後面。

雜屋裏外已圍滿着人，見巡撫來了，忙讓開一條路。張之洞來到賊犯屍體邊，桑治平正在過細地驗看着。死去的漢子手脚蜷縮，臉色青黑，嘴唇烏紫，鼻孔和嘴角邊有凝固的血痕。桑治平扯了下張之洞的衣袖說：『我們到簽押房裏去說話吧！』

張之洞點點頭。二人來到簽押房，桑治平將門窗關緊，悄悄地說：『這是件怪事。』

張之洞臉色綳得緊緊地說：『雜屋的門窗都是關得緊緊的，看來這人不是被別人害死的，是自尋短見。』

『從現場看，此人是喫隨身所帶的砒霜死的。』

『這樣說來，此人是預先就爲自己準備了死路。』張之洞摸着瘦瘦的下巴，苦苦地思索着，『他到衙門裏來，究竟是爲了什麼呢？』

『我想這不是一個偷東西的賊，而是別有目的。』桑治平慢慢地分析，『說不定他是來竊取某一件重要的公文，或是想打探某一件秘事，甚至也可能是刺客。若是刺客，他不會衝着別人，很可能就是衝着你。』

張之洞凝視着桑治平說：『不是通常的賊，這點看來可以肯定。儻若是盜賊，是決不會預先把毒藥藏在身上，也決不會未經審訊就自己去尋死。要說是竊取公文，我這裏有什麼公文值得別人冒死來

竊取呢？要說是殺我的刺客，那我又結怨於誰呢？』

『你結怨的人還少了嗎？』桑治平笑道，『你毀掉罌粟，斷了多少人的財路？你禁食鴉片，使多少人翻滾在地，難熬煙癮？你清查藩庫，又會發掘多少人的隱私？』

桑治平這番話，說得張之洞背上涼涼的：『如此說來，此人是來殺我的刺客。』

『十之七八有可能。』從昨夜到今晨所發生的事情，經過這番思辨後，在桑治平的腦子裏已漸趨明朗了。『據大根說，此人武功不錯，刀法有路數，是武林中人物。看來他本人不一定與你結怨，而是受人重金所聘，並有約在先，不成功則一死了之，決不留下活口。我在江湖上混過。江湖上講的是義氣，重的是諾言，這種人不少。』

張之洞點點頭說：『你分析得有道理，但總要尋點蛛絲馬跡出來，破了這個案纔好。你有什麼法子嗎？』

桑治平思考半晌，說出一個辦法來。張之洞頷首認可。

五　刺客原來是藩司的朋友

半個時辰後，巡撫衙門左側搭起了一個草棚，那個死去的漢子被擡進草棚裏，旁邊有兩個持刀的士兵看守着。草棚邊貼着一張告示：昨夜一男子猝死於此，其親友可來認領，知情者可提供綫索。在草棚對面一家臨街小酒店裏，桑治平、楊銳、大根等人在酒桌喝酒，眼睛則死死地盯着草棚這邊的動靜。

草棚邊看告示看死人的很多，但沒有一個人表示認得此人，更無人出面認領。桑治平等頗爲失望。

午後，大根突然指着一個人對大家說：『那人我好像見過面。』

順着大根的手勢望過去，桑治平和楊銳看見一個三十幾歲的男子，在告示邊足足站了一袋煙工夫，然後又走進草棚，對着躺在涼床上的死者，從頭到脚看了個仔細。

桑治平問大根：『這個人是哪裏的，你想得起來嗎？』

『好像是藩臺衙門裏的人。』大根一邊盯着那人，一邊在死勁回憶。『是的，我想起來了。有一次，四叔和葆大人在臬臺衙門議事，我在門房裏和守門的郝二爺聊天時見到此人。他手裏提着一個包袱，進門時對郝二爺打了聲招呼，說是給葆大人送衣的。這人進去後，我問郝二爺此人是誰，他說是葆大人府裏的僕人。過一會兒，那人空着手走出來，我又看了一眼。不會錯，正是那天給葆大人送衣服的人。』

正說着，那人從草棚裏出來，走了。

一個念頭冒出桑治平的腦海：死者莫不與藩臺衙門有關？隔一會又想：說不定這個僕人路過此地，順便看看熱鬧。

第二天，桑治平等人又都早早地來到小酒店，暗中觀察街對面的情況。辰初時分，忽然急急忙忙地走來一個年輕女子。那女子分開衆人，一見死者，便大聲哭喊起來。哭了幾聲後，她離開草棚，從附近紙馬店裏買來一些紙錢和蠟燭綫香，在死者的身旁點起香燭，將紙錢一張張地焚化着，陰着臉，既不哭，也不說話。那女子一氣燒了兩大沓紙錢後，還在燒。楊銳說：『這個女子與死者關係不一般，可以從她身上找到綫索。』

桑治平說：『你們坐在這裏繼續盯着，我過去看看。』

桑治平過街來到草棚裏，對那女子說：『我是巡撫衙門裏當差的，你跟我到衙門門房裏來一下。』

那女子也不說話，跟着桑治平走。

來到衙門門房裏，桑治平對年輕女子說：『死的人是誰？你是他的什麼人？你要對我說實話！』

那女子沈默半天後纔開口：『老爺，那人我雖然認得，但這半年來我和他沒有交往了。我衹知道他叫華山虎，幹什麼謀生，哪裏人，家裏情況如何，我一概不知。』

桑治平仔細看了女子一眼。這女子二十多歲年紀，長得頗有幾分姿色。心裏想：大概是死者姘頭，這是一條綫索，可以追下去。

『那你是怎麼認識他的？』

女人低着頭，沈默片刻後說：『我是暗香樓的妓女，他是到暗香樓來時認識的。』

噢！原來是妓女弔嫖客，這倒少見。通常說婊子無情戲子無義，眼前這個婊子，看來還是有情的。

桑治平下意識地又看了她一眼。

『他既是個嫖客，你爲何要來給他燒香焚紙？』

『他雖是個嫖客，我敬佩他武功好有本事，又大方講義氣。有次我跟他說我母親生病，家裏窮無錢醫治。他一聽說，立刻就把身上的二十兩銀子全給了我。我感激他，所以昨天聽一個姐妹說，巡撫衙門口死的人像是華山虎，我今早就來了。』

桑治平是一個立身嚴謹的人。他瞧不起妓女，也瞧不起嫖客，儘管浪跡江湖多年，卻從不眠花宿柳，保持着清白之身，聽了這番話後，多少改變些對妓女嫖客的歧視態度。

『你對華山虎的情況，真的一無所知？』

『是的，老爺。我和華山虎半年前祇有過四五次接觸。他都是傍晚來，天一亮就走了。他不喜多說話，我也不好多問他。』

『那你怎麼知道他武功好？』桑治平追問。

『一天夜裏，有幾個無賴在暗香樓鬧事，他出去了，祇三拳兩脚就把那群無賴給攆走了。第二天院主說，那漢子好武藝，他若是肯替我們暗香樓當保鏢就好了。』

桑治平見這妓女說話還實在，便鬆下臉來，換了一種口氣說：『華山虎與你有舊情，現在他突然不明不白地死了，你心裏也難過。我們爲他陳屍巡撫衙門外，也是想招來他的親人和朋友，以便將屍體領走。你能不能回憶下，華山虎說起過他在太原府有些什麼交往嗎？』

妓女又低下頭來，抿着嘴回憶，好半天纔說：『他很少說話，所以我不知道他有沒有朋友在太原府。祇有一次夜深了，他敲開暗香樓。我對他說，哪有半夜來妓院的，假若今夜我床上睡了一個客人，那你不白來了？他說，在藩臺衙門喝酒喝晚了，想看看你，你若有客人，我走就是了。我聽了這話，心裏暖和。不瞞老爺說，那時心裏想，若華山虎不嫌我，我真的有心跟着他。可惜，從那以後，他就再沒來暗香樓了。』

『在藩臺衙門喝酒』，這句話引起了桑治平的注意，聯係到大根所看到的葆庚家的僕人，桑治平的腦子裏有了一個猜測。

他嚴厲地盯着妓女：『你講的都是實話？』

那妓女忙磕頭：『老爺，您是官府裏的人，我怎麼敢在您的面前說謊話。不信的話，您可以到暗香樓去問。』

『好吧，你去吧！』

妓女剛走，大根便進來說：『桑先生，我剛纔又看到葆大人家那個僕人了。』

『又是昨天那個人？』

『正是昨天那個人。他在草棚內外看了一下，沒有呆多久就走了。』

看來，葆庚在關心着這個華山虎！剛纔腦子裏的猜想得到初步的證實。

桑治平決定再將華山虎的屍體擺一天。第三天，看的人明顯減少了，很多人都是向草棚瞟一眼後，便匆匆離開不再停留。桑治平、大根仍在對面小酒家注視着，沒有看出別的什麼異常的情況。將近傍晚，他們第三次看到葆庚家的僕人和別的過路人一樣，從草棚旁匆匆走過。晚飯時，楊銳從暗香樓回來告訴桑治平，鴇母所說與妓女說的沒有多大的出入。桑治平於是吩咐將華山虎裝入棺材埋掉。

夜裏，他來到張之洞的卧房裏，禀報三天的觀察和調查，並說出自己的推測：被妓女稱爲華山虎的死者，很可能是一個流落江湖的武林中人，被葆庚用重金收買來巡撫衙門行刺。葆庚應深知華山虎有武功又有江湖人的俠義，纔敢於用他。行刺前，雙方必定立下了重誓：不成功則自殺，以此換取葆庚對其家人的酬金，其家人也保證永不公開此事。

精通典章滿腹詩書而對江湖黑幕一無所知的清流巡撫，聽完桑治平這番分析後驚住了，心裏想：葆庚身爲朝廷方伯大員，怎麼可以與江湖浪人勾結起來，做出這等傷天害理之事，真是匪夷所思！

桑治平繼續分析：『華山虎三字，應不是此人的真姓名而是綽號，或許他的籍貫爲陝西華州、華陰一帶，或許曾在華山落過草，很可能不是山西人，而是陝西人。』

『葆庚來山西之前是陝西的臬司。』張之洞插話。

『這就對了。』桑治平點點頭說，『說不定正是葆庚在陝西臬司任上與華山虎結識的。臬司負有保護地方安寧之責，故不少臬司都與省内的黑道巨頭有暗中聯係。黑道巨頭保證不給臬司添亂子，臬司則保證給黑道巨頭以官府庇護。這就是老百姓所說的官匪一家。看來葆庚是深悉此道的人。』

張之洞聽了這話後又是一驚。他很佩服桑治平對世道的深切瞭解，把這位正邪兩道都通的人物請來山西做助手，的確是做對了。

『你剛纔說的對我有很大的啓發。』張之洞笑着說，『我對江湖黑道是一點都不懂，多虧你閱歷豐富。你看，我們要不要派人到華州一帶去查訪查訪呢？』

『依我看不要去了。』桑治平沈吟片刻說，『一是查訪不出個名堂來，二是也没有這個必要。華山虎已死，常言道死無對證，人一死，什麽話都說不清了。這就是滅口的作用。這一招是十分毒辣的，没有幾千兩銀子做不到這一步。我相信我的分析是對的，這種分析祇能存入你我之心，對任何人，包括楊鋭、大根都不能說。葆庚之所以派人行刺，無非是衝着清理庫款而來的。他的貪污因此而進一步證實。他用重金僱刺客，出此下策，成則將轉移朝廷的視綫，又給繼任者一個顔色看，使他們不敢再清查下去。十多年前江寧校場上的那場命案，香濤兄你大概還記得。』

『你說的是張文祥刺殺馬新貽的案子？』

『是的，就是那場刺馬案。』桑治平神色平和地說，『張文祥後來是被活活地剮了，當時圍觀看熱鬧的不下萬人。那時我正在蘇州子青撫臺衙門裏，他要我去江寧看看。刺客張文祥真是一條漢子，一刀刀下去，一塊塊血淋淋的肉提起，他硬是一聲都没有吭，直到血肉模糊氣絶身亡爲止。張文祥雖剮了，但案子並没有審出個結果來。有說張文祥是捻寇的，有說是長毛的，也有的說是洋教堂收買的刺客，傳說紛紛，使得繼任江督曾國藩對漏網的長毛捻寇不敢再搜捕，對教堂更是客客氣氣的。曾國藩是什麽人？他都因馬案而戰戰慄慄，何況别的繼任者！所以自古以來刺客不絶，其原因就在於此。即使不成，也會給當事者一個很大的打擊，有的人便會因此而及時勒馬，改弦易轍。』

張之洞氣憤地說：『葆庚想以此來嚇唬我，他看錯人了。我張某人雖没有武功，膽氣却是有的，大不了一死嘛！人孰無死，爲朝廷懲貪官，爲百姓伸正氣而死，正是死得其所。』

『壯哉！』桑治平禁不住擊節稱讚，『你有這種氣概，世上什麽事都能辦了！』

張之洞說：『昨日馬丕瑶對我說，又查出葆庚和王定安的兩樁大事。』

『什麽事？』

『前年，曾沅甫已離山西而衛静瀾未來接任期間，葆庚曾代理巡撫之職，先後放銀六十餘萬兩，其中大部分不應該放。如提塘趙嘉年的二萬五千兩欠款、參將王同文的一萬八千兩欠餉，以及總兵羅承勛的二萬七千兩欠餉，都是别有原故而不當放的。葆庚利用手中的職權，不分青紅皂白，一律發放。有人揭發，葆庚之所以這樣做，是因爲趙嘉年等人許給他至少一成的回扣。若按此計算，葆庚在這三人身上可得七千兩銀子的回扣。國家的銀子通過這番手脚，就轉變爲他私人的財産了。王定安也學樣。他在署理藩司期間，放銀三十萬兩，其中至少有十萬兩是不該放的。王定安從中獲得不少好處。馬丕瑶還說，他們已暗中查訪到，省城各局，王定安是無局不列銜，無局不主稿。這個人是貪得無厭，貪得卑鄙，士林駡他是山西第一條大蛀蟲，一日不清出王定安，三晉便一日不得安寧。』

桑治平說：『過些日子，京師參劾摺出來後，朝廷一定會派員來山西查訪，這些都是很好的佐證材料。』

張之洞說：『我對馬丕瑶説了，要把事情做得扎扎實實的，讓葆庚、王定安在鐵證面前不得不低頭認罪。天大的事有我張某人一身擔當，你們衹管放心去做。』

『有你這個態度，馬丕瑶他們做起事來便没有顧慮了。』

『仲子兄，』張之洞站起身來，將一隻手搭在桑治平的肩膀上，動情地說，『我張之洞做了多年的清流，素來與貪贓枉法者勢不兩立。往日在京師每具這種參劾摺時，心裏就想到，哪一天我不再憑這一張紙，而是憑一方實權在握，親手爲國爲民清除蠹蟲就好了。今日我蒙太后、皇上之恩，爲朝廷巡撫三晉，正是手握一方實權之時，眼見得在我的眼皮底下，有這樣幾個食皇家俸禄而干犯律法的屬吏，我儻若因他們身處高位而畏縮，因他們收買刺客行兇而膽怯的話，我不但對不起聖賢的教誨和太后皇上的恩情，辜負了三晉一千萬百姓的厚望，即使想起當年的一己之願，也會羞慚滿面，問心有愧。仲子兄，去年在古北口，你與我約法三章，其中第二章就是每年要爲百姓辦幾件實事。這清除貪官污吏，便是爲百姓辦的最大實事。不管有多大的困難，我都要把這樁大事辦好辦徹底。』

桑治平激動地握着張之洞的手說：『跟着你這樣的巡撫辦事，我桑某即便累死也會含笑九泉。』

六　藉朝廷懲辦貪官之機，張之洞大舉清查庫款整飭吏治

這些日子，張佩綸、陳寶琛參劾山西藩司葆庚、冀寧道王定安的摺子，成了朝廷上下議論的熱點。地方官員荒廢政務、吸食鴉片、結黨營私、貪污中飽等等，幾十年來已成司空見慣之事，大家見怪不怪，已提不起談論的興趣了。但貪污救災款，且爲數如此之大，貪污者官職如此之高，却極爲少見。持身清廉的官員對此憤慨自然不消說了，連那些不拘小節、宦囊不潔的官員也感到氣憤：別的錢騰挪幾個尚可原諒，這是救命的錢呀，怎能昧着天理良心，如此胡來？一時間，葆庚、王定安成了官吏們的衆矢之的。慈禧、恭王也很惱怒，連十二歲的光緒小皇帝也氣得説出『不殺不足以平民憤』的話來。慈禧和恭王商量後作出兩個決定：一是命令山西巡撫張之洞火速查明葆庚等人的實情，二是就近垂詢寓居山西十多年來京不久的户部尚書閻敬銘。

閻敬銘心中早已有數，召對之時，不僅證實張佩綸、陳寶琛的參劾有據，而且還向太后稟奏在晉期間的親見親聞，爲前幾年山西腐敗的吏治提供不少新證據。

接到查覈葆庚一案的上諭後，張之洞立即命令馬丕瑶、楊鋭等人，將半年來明察暗訪所積纍的一切，詳詳細細地條貫清厘，寫成一份厚達百餘頁的佐證，派人護送進京。

這份佐證一到軍機處朝房，葆庚、王定安等人狼狽爲姦貪贓枉法的罪行便鐵證如山了，秉政的恭王下令革去葆庚、王定安的職務，鎖拿來京，交刑部審訊嚴辦。

這時，又有一個名叫李肇錫的御史，因素來看不慣曾國荃倚老賣老的做派，便藉着這個機會參了一摺，説曾國荃濫保匪人誤國害民，應一並嚴懲，以爲大臣薦人之戒。吏部堂官中也有討厭曾國荃恃功驕慢的人，便作了一個『降二級調用』的處分，呈請慈禧裁決。此時，因越南與法國發生衝突，廣西邊事緊急，粤督一職頓時顯得更加重要。儘管慈禧一向不滿曾國荃的驕縱疏懶，極想藉機殺一殺他的威風，但考慮到一旦戰火燃起，還得倚仗這位能打硬仗的曾老九，便加恩改爲革職留任，仍在粤督位置上不動。

連功勛顯赫的曾國荃都受到了處分，可見慈禧對山西貪污救災款一案的惱怒，以及懲辦的決心。

葆庚想以打擊張之洞來自救的路子，顯然已成死衚衕。受王定安收買原擬彈劾張之洞瀆職的幾個御

史，也悄悄地把已擬未發的奏稿燒掉了。

刑部審訊後定案：葆庚革職，充軍新疆，永不回京；王定安革職，監禁十年。按理說，刑部的量刑太輕了，但如此處置，已是對張之洞撫晉的極大支持。張之洞藉着朝廷的這股春風大張旗鼓地做了兩樁大事：一是徹底清查藩庫，並擴大到全省十八府州及六十餘縣的庫房賬目，嚴懲所有犯有貪污挪用罪情的官吏。桑治平提醒他，自古以來，法不責衆。山西全省官吏，程度不等地犯有貪污挪用情事的在半數以上，此令若下，這些人都會在懲處之列，整個山西官場則將癱瘓；甚或他們背地裏勾結聯盟，清庫一事則成敷衍過場。兩者都對大局不利。不如總大綱而寬小過。凡牽涉到葆庚、王定安貪污救災款的，限三個月內主動坦白，將所貪污的銀子如數繳還，並加三成罰金，照辦者一概免於處分。各府州縣庫房在半年內清查期間，凡將所欠公款如數歸還的，都不算貪污挪用。山西眼前最缺的就是銀子，如此網開一面，數月之內將會有二三百萬兩銀子入庫，省內各項興作辦起來就容易多了。

桑治平這個主意雖有以罰代法之嫌，但於實際有補。權衡利弊，張之洞還是採納了。

第二樁大事，便是藉此整飭吏治。對於少數幾個與葆庚、王定安關係密切，貪污救災款數目較大民憤也大的徐時霖一類的官員，張之洞不待他們主動交代，便先行傳訊，停職審查，報請朝廷。又勸告一批年老體弱糊塗昏庸的州縣官員主動提交辭呈，以保全他們的體面。然後，又將一批確實清廉自守爲官有方的各級官員，上奏太后、皇上，請予嘉獎升遷。

如此一罷一升，果然對山西全省官場震動巨大，幾十年來所形成的貪污腐敗、疲沓懶散的積習，頓時爲之一掃，暮氣沈沈的三晉官場，開始吹進一股新鮮氣息。

第五章 清查庫款

來到山西不到兩年，便有這樣的政績，張之洞更相信自己具有人所不及的治國大才。他不滿足山西一隅之地，他的眼光從來都在關注着整個中國的政局。他記得閻敬銘曾經說過，胡林翼事業的成功，一是風雲際會，一是衆人相幫。風雲際會是天時湊泊，天時不是自己所能創造的，關鍵在善於把握，至於如何纔能得到衆人之助，則完全是屬於自己的學問了。

一年來，張之洞把閻敬銘贈送的兩百萬言的《胡文忠公遺集》，細心地通讀了一遍，揣摸出這得人的學問主要在識人、薦人、用人幾個環節上。曾國藩曾經這樣概括胡林翼這方面的長處：識才於微末，薦賢滿天下，用人以誠心。親手宰理一省政務，實實在在辦理幾件大事後，張之洞從心裏佩服曾、胡這種過人的賢者器宇。現在自己身爲封疆大吏，具備了薦賢的資格，張之洞決定向太后、皇上上一個薦賢表，一來爲朝廷舉薦美才，爲國盡責，二來也替自己廣爲聯絡賢俊，以通聲氣，且市恩於先，今後一旦擔負更大的職務時，可得到他們的真心支持。

他將自己多年來所熟知，以及雖未見面但對其人品學識才幹有所聞者列了出來，這些人物包括張佩綸、陳寶琛、于蔭霖、馬丕瑤等，一共五十九人。張之洞認爲，這張人才表已將天底下才未盡用的人物都囊括殆盡。太后若能將這些人一一擢升，擺在最能發揮其才幹的位置上，則大清朝將可指日大治。

拜發了這道薦疏後，張之洞心裏有一種貢獻和佈施之感，情緒上很是愜意。這些天來，由於吏治得法，公務多暇，作詞臣學官所養成的吟詩作文的雅興又漸襲心頭。

正是天高氣爽的仲秋，夜幕剛合，天上便早早地掛起一輪明淨如洗的銀盆，將融融清輝無私地灑向人間，并州古城籠罩在一片温柔飄逸的氣氛中，顯得端莊安詳。

燈下，張之洞正在磨墨凝思。突然，他覺得心靈中若有幾點光亮在跳動，如同電之光石之火似的。過去，在夜闌更深之時，他每每有這種靈感冒出，便常常倣法陸機，以一種演連珠體裁記下來。他的連珠詩或駢或散，或押韻或不押韻，不刻意追求遣辭，重在達意。這種連珠詩已積纍達三十餘首了。今夜的靈感是由薦賢疏而引起的，對人之才幹見識，驀然間有一種新的體認，遂鋪開紙，將這稍縱即逝的心靈火花記録下來：

騰蛇無足飛，鼯鼠五技窮。
士貴知道要，不在詩多通。
趙武言語訥，曹參清靜宗。
周勃少文采，汲黯號愚忠。
諸葛尚澹泊，魏徵稱田翁。
鼂桓兩智囊，均不保其躬。
曼倩最多能，屈身滑稽中。
劉鄢饒百計，夾河終無功。
惟静識乃遠，惟樸力乃充。
吾聞柱下史，無名道猶龍。

寫完後，他將自己即興創作的這首連珠詩又吟誦了兩遍，自我感覺頗爲得意。是的，才有大小之分，才亦有花哨與實在之別。治國之具要的是大才實才遠見之才，趙武、曹參、周勃、汲黯、諸葛、魏徵，都是歷史上有實在建樹的治國大才。而其才之修煉，一在於心境上，不汲汲於一時之功名利禄而澹泊寧静，因此能識大識遠；二在處事上，不求一時之譁衆取寵，而求實實在在爲社稷蒼生謀求福祉，不求頭頂上的五彩光環，而求脚底下的堅實基礎。此即惟樸素乃長久之道理。

張之洞想，這首連珠詩明天讓楊鋭他們多抄幾份，分送給衙門裏的幕友們。還可以贈給晉陽書院的學子們，讓他們在求學期間便明白這個道理，今後不入邪徑，少走彎路。

正在浮想聯翩之時，一陣清幽綿遠的琴聲，被夜風輕輕地從窗外送了進來。張之洞知道，這是珮玉在彈琴。這一年多來，珮玉給張之洞幫了很大的忙。她關心疼愛準兒。準兒仿佛有先天的靈感，對七弦琴有着濃烈的興趣。這讓張之洞欣慰不已。

珮玉間或也會屏息静氣地彈上一曲，藉以抒發胸臆，傾吐情愫，這常常是在夜色闌珊之時。爲了不影響張之洞和署中的執事人員，珮玉總是把門窗關得緊緊的，把聲音盡量地壓低，低得衹有她一人聽到。此時的琴音，仿佛不是從她手指下撥出，而是從她的心靈中迸出。她的整個心境，乃至窗外的溶溶夜色茫茫寰宇，都與這心中的樂聲匯合在一起。這樣的時刻，她總有一種生命與造化合爲一體的静謐寧馨之感。其妙處衹在自我體會之中，實在難以言傳筆述。有一次，她把這種感覺説給父親聽。父親説這種感覺古人早已有之，陶淵明的詩：『此中有真意，欲辨已忘言。』説的就是這個意思。珮玉聽了父親的話很欣慰，於是更自覺地多創造出這種意境。漸漸地，她發現自己的心境在淨化，在升華。音樂，給她坎坷的年輕生命帶來極大的慰藉。

偶爾，在夜色深沈的時候，張之洞也會聽到這種琴聲，它渺渺裊裊飄飄摇摇，似有似無，若斷若續，仿佛是從天庭傳下來的神仙之曲，又像是遥遠的山谷裏傳出的流泉之聲。他知道那是珮玉在彈琴，但政務太雜太紛太亂了，以至於他幾乎没有心思來欣賞這曾給他以奇妙享受的琴曲。

今夜，或許是琴聲比往日響亮，或許是清秋之夜更易激起獨居人的情思，或許是政務初見頭緒，使得執政者的心情輕鬆閒逸。張之洞稟賦中的文人氣質，被這琴聲重重地撩撥起來。他終於不能自已，離開書案，向珮玉的房間走去。

七　秋夜，女琴師的樂理啓發了三晉執政者

『你的琴是越彈越好了。』張之洞推開珮玉的房門，微笑着跟女琴師打招呼。

珮玉正陶醉在自我營造的藝術世界裏，突然被耳旁的這句話所驚醒。她帶着三分惶恐起身彎腰：『珮玉不慎，驚動了撫臺。』

她擡起頭來，果然見有一扇窗户被風吹開。她暗暗責備自己粗心，臉上不覺飛上一片紅雲。就這一瞬間，四十六歲的撫臺驀然覺得素衣布履的女琴師其實也嫵媚動人，一股强烈的與之交談的願望在心裏油然而生。

『珮玉，這一年來，準兒多虧了你的呵護，我很感激你。我平日太忙，很少關照你，還望你能體諒。』

這樣一個雷厲風行鏟罌禁煙、鐵面無情懲辦貪官污吏的撫臺大人，竟也有細膩的兒女之心，能説出暖人心窩的話，珮玉一時甚是感動。

『大人客氣了，小姐清純可愛，天資聰穎，我能有幸與她爲伴，這是上天賜給我的緣分。』

珮玉説的完全是心裏話。六年前，她喪夫失子，這慘烈的打擊，時時刻刻如沈重的烏雲罩住她的心，她很少有歡快的情緒，幾乎夜夜夢中與丈夫和姣兒在一起，望着兒子如朝日般的面孔，她心裏甜得如注滿了蜜糖，然而一覺醒來，屋内空空，床頭空空，她不免又悲從中來，清淚一滴一滴地落在枕上，直到天明。

這一年來，她天天看着準兒，越看越覺得像自己的兒子，模樣兒像，笑聲像，連脾氣性情也像。她自己也覺得奇怪：我的兒子怎麼會跟這個小姐一個樣？莫非這準兒就是我殀折的兒子的投胎？莫非老天爺有意如此安排，讓兒子换作女兒身回到我的身邊？珮玉成天這樣癡癡地想着，日子一久，準兒就變成了她的親生似的，她把自己山高海深般的母愛全部澆注在準兒的身上。這幾個月來，她居然很少再夢見自己的兒子了。她更加確信，準兒就是兒子的轉世。

聽珮玉誇女兒聰穎，張之洞很高興，問：『準兒能認多少字了？』

珮玉答：『近半年來，我每天教她認三個字，三天一温習，十天一復習，一月一考試。一個月下來，小姐把所教的字都記住了，半年裏小姐已學會三百字了。』

前學臺對女兒的認字成績很滿意，又問：『我常聽準兒哼着兒歌，這也是你教給她的吧？』

『是。』珮玉答，『小姐天性於詩詞悟性高，一首五言絶句，也衹讀兩三遍，便能朗朗上口，讀四五遍就記下來了。珮玉向大人恭喜，要不了十年，小姐準是壓倒曹大姑、謝道韞的女才子。』

張之洞哈哈大笑起來，笑過一陣後説：『曹大姑、謝道韞古今能有幾個？我也不指望她成爲才女，衹是長大了能讀點詩文，怡情養性罷了。』

稍停一會，又問：『準兒的琴學得怎樣？』

珮玉説：『她在琴弦音樂方面似有天賦。我還衹教她個把月，便已能上手了，彈出幾個音調來，還很像個樣子。』

張之洞點頭說：『我原來想讓她再大些纔學琴，她既有興趣，早點學也好。對準兒的彈琴，我倒是寄予大的希望，盼望她今後能像你一樣彈出動聽的樂章。』

珮玉忙說：『我天性魯鈍，不能成器。這幾年勉力爲小姐打點基礎，日後望大人再訪求名師指教。小姐今後的琴藝，定會十倍百倍高出我。』

『哦，哦。』張之洞邊聽邊點頭，說，『其實，我也不指望準兒今後的琴藝如何出色。自古以來，色藝俱絕的女子，大多坎坷磨難，反而不佳，也不過是願她今後能藉琴曲和諧家庭陶冶心境罷了。』

張之洞這幾句話觸動了珮玉的心思。她突然想到，自己仿佛就是古來那些色藝俱佳而命運不好的女子，一時情緒驟然冷落下來。

『爹！』

準兒一覺睡來，見爹爹坐在房裏，有點奇怪，她擦着眼睛，轉過臉對珮玉說：『師傅，我剛纔做了一個夢。夢見你穿着花花綠綠的襖子，頭上戴着珠花，真好看！』

準兒這句稚氣十足的話，說得珮玉笑了起來。她走過去，俯着身子問：『是不是口渴了？我給你端點水來。』

『我想喝點水。』準兒說着從被窩裏爬起，珮玉忙給她披上衣服。準兒對父親說，『爹，師傅說過年後就教我彈大曲子，還說大曲子如果彈得好，天上的鳳凰都會飛下來聽。爹，鳳凰真的會飛下來聽我彈琴嗎？』

張之洞聽了女兒的話，心裏十分歡喜，說：『會的。衹要你把琴彈得非常非常好，鳳凰就會來聽。』

珮玉端過一盃溫水來，準兒喝了一口，不再喝了。她瞪起烏黑的大眼睛問珮玉：『師傅，你的琴彈得好，鳳凰飛下來聽過嗎？下次鳳凰飛下來時，你喊我看，好嗎？』

珮玉笑着說：『師傅的琴彈得還不好，鳳凰還從來沒有飛下聽過。以後準兒的琴彈得會更好，那時就會有鳳凰來聽了。』

『真的嗎？』準兒將信將疑。

『真的。』珮玉堅定地回答。

『睡吧！』張之洞過來摸着女兒的頭，充滿慈愛地說，『睡吧，明天早早醒來，跟着師傅好好地學，說不定哪天鳳凰就飛下來聽你彈琴了。』

準兒脫衣重新睡下，一會兒便進入夢鄉。

紅襖珠花，鳳凰來儀。準兒天真無邪的童稚心願驅散了珮玉心頭瞬時飄過的陰影，心情又恢復了撫琴時的平靜。

『珮玉，你幾歲學的琴，誰教的？』準兒對琴所表現出來的熱情，進一步激發張之洞今夜與女塾師談話的情緒。

『我也是小姐這麼大年紀開始學琴的，師傅就是我的父親。』

『哦，你這是家學了。』張之洞微微地笑了一下。

『聽我母親說，父親年輕時不僅書讀得好，琴更彈得好。父親家清貧。母親家較爲殷實，外祖父爲母親尋了一個富貴婆家，但母親不願意，爲父親的琴聲所迷戀，一定要嫁給父親。外祖父堅決不同

意，母親便在家絕食。外祖母疼愛女兒，說服外祖父勉强同意了。但外祖父心裏始終不愉快，母親出嫁時，嫁妝很少，以後也不讓我的父親登門。父母親一氣之下，便離開老家商州府，從陝西來到山西。從那以後，他們便漂泊異鄉。儘管幾十年來生活貧苦，但母親至今不悔她當年的選擇。』

『你的母親是個有志氣的女子！』張之洞脫口讚道。

『我原有一個哥哥一個弟弟，但他們都在很小時就夭折了，父母親便把全部疼愛之心都放在我的身上。我從小和母親一樣，喜歡聽父親的琴聲。夏夜的麥場上，冬日的爐火旁，我們母女倆緊挨着聽父親彈琴。在琴聲中，我們忘記了貧困，忘記了憂傷，也忘記了人世間對我們的許多不公平……』

秋夜的巡撫衙門，在一片如水月色的籠罩下，白日裏那些令人或畏或恨的種種，都已淡去消逝，出現在人們眼中的，是與百姓宅院一樣的柔和恬靜。女琴師的心裏浮起往日甜美的記憶，那是永遠留戀的在娘家做閨女時的歲月，那是永遠存在心靈深處的未受塵世沾染的神仙畫卷。

女琴師繼續敘說：『那時，父親總是對我說，珮玉，好好彈琴吧，窮人家沒有錦衣玉食，也沒有强權重勢，但有自己的慧心巧手，憑着聰明才智和與世無爭的心境，也同樣可以獲得人生的快樂幸福。以後你長大了，還會慢慢體會到，錢財權勢，儘管可以使人風光體面，但它不能給人真正的快樂，真正的快樂永遠衹存於人的靈府中。靈府安寧，人纔舒坦。而使靈府得以安寧的最好東西，便是音樂。音樂使人泯去機心，化除爭鬥，不機不詐，不爭不鬥，靈府便平靜如鏡，人就無憂無慮，快快樂樂。所以古人說「樂者，德之華也」，講的便是這個道理。』

『樂者，德之華也。』張之洞被這句話驚動了一下。這不是《禮記》中句子嗎？從小起便讀『四書』『五經』，這句話至少讀過二三十遍。讀它的時候，天天被科場連捷光宗耀祖的念頭衝擊着，從來沒有從化除機心爭鬥這個方面，去理解音樂的功用，更沒有想到道德的升華，便是建築在靈府平靜的基礎上。今夜，經女琴師轉述其父這番話後，探花出身有着六年學臺經歷的山西巡撫，彷彿對『樂者，德之華也』這句古老的名言，有了一個嶄新的理解。

他情不自禁地說：『你父親這幾句話說得好極了！《禮記》中《樂記》這篇文章，我能倒背如流，自認爲句句都讀懂了。聽了你說的這些後，纔知道我原來並沒有讀懂，你父親纔是真正讀懂了。』

『大人言重了，我父親是個終生潦倒的書呆子，我母親常笑他迂腐不中用。大人纔真正是讀通了典籍的國家棟樑之才。』珮玉雖然這樣謙虛地說着，心裏對撫臺的讚辭還是歡喜的。

『不能這樣說。』張之洞正色道，『這人生的窮通逆順，原是很難說得清楚的事。功名蹭蹬仕途艱澀的人，未必就是沒有真學問；一帆風順官運亨通的人，也並非就一定學問很好。就拿我本人來說吧，我四十三歲以前，將近二十年功夫一直遷升緩慢，總在中下級官員間浮沈。四十三歲後，突然官運好起來，一年多時間，便由五品升到二品。難道說，這一年多裏我猛然開竅了？其實我心裏清楚，我還是我，並不比先前高明。你的父親衹是時運不好罷了。若時運好的話，有如此聰明靈慧之心的人，說不定早做到尚書大學士了。』

珮玉望着眼前的巡撫大人，眼睛不由得越睜越大，越睜越亮起來。這是怎麼回事？這話似乎不是平日裏那個鐵板着面孔，威嚴凜冽不易接近的三晉之主所能說出的。這話說得有多實在，讓人聽了有多舒心！是他的真心話，還是在有意安慰我那功名不遂的老父？即便是後者，這也是處高位者的仁厚之心：不看重自己的成功，以免失意者難堪。當今的官場，遍是驕人凌人趾高氣揚之輩，這種恤人容

人的仁厚是多麽的難能可貴！珮玉對相處一年之久的撫臺，驟然間有了新的認識，彼此間的距離一下子靠近了許多。

對東家的這番話，女琴師不好説什麽，她祇是抿着嘴唇笑了一笑。不料，却讓這位喪妻已久的中年巡撫心裏怦然動了一下。他覺得這無聲的微笑裏，充滿着魅力無窮的成熟女人的美！

『我喜歡聽人彈琴，但對樂理則知之甚少，所以，聽琴也祇知道好聽不好聽而已，其間的深淺却品味不出來。』張之洞望着珮玉恢復常態的面孔，心裏似乎增加了幾分異樣的情感。『讀古人書，對鍾子期評俞伯牙鼓琴，所謂「峨峨兮若泰山」「洋洋兮若江河」之語，真是神往至極，巴不得自己也有這種知音的本事。你們父女善於奏琴，大概也善於辨音吧，能否傳授一點給我？』

珮玉想了想，説：『我和我父親其實算不上善於彈琴，即使很精於彈奏，要準確地辨出其音來也是一件很難的事。《列子·湯問》篇裏説的高山流水的話，是稱讚鍾子期的琴藝遠過俞伯牙，故而纔有俞伯牙摔琴謝知音的故事。正因爲知音難得，這個故事纔會千百年傳誦不衰，常令人感嘆不已。』

『知音難得』這幾句話激起了張之洞的滿腔同情，他點點頭説：『你説得很對。』

『不過，樂聲也大致是可以辨得出來的。』珮玉的回答有了轉折，『所以，古書上纔有鄭衛之音濮上之樂的説法。它的訣竅不在别的，祇在多聽而已。前人説操千曲而後知音，就是説的這種日積月纍的功夫。』

張之洞聽了這話，心裏暗暗生出幾分慚愧來。珮玉説得對，知音辨曲的本事是由長年積纍而來的，這同讀書做學問一個樣，靠的是三更燈火十年寒窗的苦讀苦誦，世人因怕喫苦而求訣竅走捷徑，這樣的訣竅捷徑其實是没有的。自己過去常常這樣告誡士子，爲何現在又來向别人問訣竅呢？是看不起琴藝，認爲它是小道，不能跟讀書做學問相比麽？

爲了彌補剛纔無意間的過失，張之洞鄭重地説：『自古來音樂在教化中便有很重要的位置。孔子教學生六藝，其一便爲樂，所以洙泗河畔，纔有弦歌不絶。可惜，今日士子們一心想的就是科第功名，以進學中舉中進士做官爲終生奮鬥目標，天天就是模倣着代聖人立言，裝腔作勢，乾癟之味，不但經濟之學不通，連《史》《漢》李杜都不懂，唐宋八大家都不讀，更不要説琴藝弦歌了。這真是國家的大憾事！』

張之洞的這番感慨，使珮玉想起從小就聽慣了的父親的牢騷之語。她没有想到，堂堂的巡撫大人竟然跟潦倒一生的父親有如此共同的語言。她突然想到，父親在他五十歲生日的晚上，因心情高興，曾經鄭重其事地跟她談起音樂中的大學問。這次談話，珮玉牢記於心，她甚至爲父親的這些卓識不能付之於現實而深感遺憾。這位名士出身的巡撫既同情不走運的讀書人，又如此看重音樂，不妨把父親的那番見識轉述一二。一則讓他知道時運不濟的老父並非尋常之輩，二來若對他的執政有所幫助，從而造福於百姓，也是一件好事。

想到這裏，珮玉正正身板，斂容説：『大人憂慮的是國家培養人才的大事，珮玉身爲弱女子，家父是一個無權無勢的窮塾師，都不值得來憂慮這等大事。祇是有一次，家父曾對我説過他對音樂的深刻體會，使我想到，有志做大事的士子倒是的確要在誦讀「四書」「五經」之餘，花點時間於音樂的研習上，或許對於日後的治理國家會有所幫助。』

晉祠裏那位清瘦的老塾師的形象，又出現在張之洞的眼前。老塾師有何高論？張之洞不覺肅然

說：『老先生對你說了些什麼，也讓我這個喜愛音樂而又不懂音樂的人長長見識。』

珮玉望着窗外的明月，凝神良久，然後緩緩地說：『那也是一個明月之夜，父親在聽我彈完一曲《岐山鳳鳴》的古樂後，興致極高地對我發了一篇長論。他說聖人極爲重視樂，把樂和禮視爲治國安民的兩個最重要的手段，故《樂記》篇裏反覆將樂和禮併在一起說。如：樂者，天地之和也；禮者，天地之節也。又說：樂也者，動於內者也；禮也者，動於外者也。家父說，聖人認爲，禮是從外部來有等級有秩序地節制邦國；樂則是從內裏來熏陶化育百姓的心境。聖人一向最爲看重人心的教化，故樂的地位實在禮上。而樂的功能，聖人以一「和」字來概括。這「和」字，真正地體現了我們華夏之邦的最高智慧。』

珮玉說到這裏略爲停了一下，張之洞心裏一震。『樂者，天地之和』這樣的話，《樂記》一篇裏的確反覆出現過，但自己並沒有深究，更沒有對『和』字有這樣高的認識。他懇切地對珮玉說：『想必令尊對聖人標出的這個「和」字，有一番人所不及的探討，我願洗耳恭聽。』

珮玉淡淡一笑，說：『家父說，古代許多典籍中都提到了「和」字。早在春秋時，周太史便說過「和實生物，同則不繼」，《論語》上說「禮之用，和爲貴」，孟子說「天時不如地利，地利不如人和」，《中庸》裏說「和也者，天下之達道也」，董仲舒說「德莫大於和，和者，天地之正也」。可見古來聖人賢士都注重「和」，把「和」視爲天地間的惟一正道。』

張之洞突然悟到，爲什麼宮中三大殿：保和、中和、太和，都以『和』爲名，其由原來在此。作爲國家權力的最高代表，三大殿均以『和』爲名，充分表達先賢對『和』的重視程度，也說明『和』的境界，正是他們所努力追求的最高境界。

『家父說，這「和」字的產生，乃是受音樂的啓發。』

珮玉這句話，立即引起張之洞的注意，他認真地聽下去。

『各種不同的樂器，如琴瑟笙竽笛簫等等，單獨吹奏，則是各種不同的聲音，若將它們合起來一起吹奏，則有兩種情況出現：一是聽起來駁亂無序，糟糟混混，這種聲音稱之爲雜；一是聽起來高低得宜，衆音協調，讓人悅耳舒心，這種聲音則爲和。』

『不錯，解釋得好！』張之洞連連點頭。

『家父說，聖人視這種衆音相宜而產生的協調之美爲天地間最大的美，這種美的產生，其基礎在調和。若笙之音高了，則吹低點，簫之聲緩了，則加快點，通過相互間的調節控制，尋出一個大家都能接受的聲音來。於是，和聲便產生了，天地間的大美也就出現了。聖人之所以超過凡人之處，就在於將此推衍到人世間，由此而感悟出治理邦民之道。世事紛雜，衆生芸芸，正好比琴瑟笙竽各發各的音，若將他們都調理得各自得宜，互相協諧，則可以奏出人世間的和聲。如此，邦民就治理好了。所以古往今來，賢哲們都苦苦追求一種中庸、中道、中行、中節，試圖找到這樣的和協之音，以達到萬邦咸寧萬衆一心的目的。這就叫做致中和。』

聖人的治國之道，由聽樂而產生。這個道理居然讓老塾師說得如此順理成章，張之洞心裏暗自佩服。

『家父說，這是聖人由音樂推及到治國一路。同時，聖人又將它推及到治心一路。人的心聲與天地間萬籟之聲，也好比琴瑟笙竽之間的關係。若人的心聲能調到與天地間萬籟之聲取得協宜一致的地步，那麼，人的心聲與天地間的萬籟之聲組成了和聲。這種和聲又超過了治理邦民的中和，乃最高之

和，名曰太和。這種太和，王夫之有解釋。他說陰與陽和，神與氣和，是謂太和。這太和，便是典籍中常說的天人合一。』

張之洞完全被女琴師這幾句話給吸引住了。『天人合一』，是他讀書明理以來所全身心追求的目標。他苦於不知如何纔能達到，即不知津渡在何方。今夜聽珮玉轉述其父所說的這篇長論，他似乎隱隱約約地看到了一處渡口，通過這道渡口，便可引航到『天人合一』的彼岸。

『三星已斜，夜已很深了，珮玉不知高低輕重，胡謅亂言，說得太多了。還請大人早點回屋去休息。錯謬之處，還望看在珮玉乃一無知無識的小女子份上，予以海諒。』

張之洞忙起身說：『今夜我受教很多。你下次回晉祠看望父母時，請一定代我轉達對你父親的謝意。哪天得暇，或是我去晉祠，或是請老先生來撫署，我們再好好深談。』

珮玉深謝撫臺的厚意。

回到卧房，望着窗外月色輝映下的三晉古原，張之洞久久不能入睡。今夜，他領悟了許多。中庸和協，他過去看到的是聖賢治國的手段，却原來更是聖賢心目中所追求的人生最高美境。這種美境應該是一種均衡、穩定、平和、典雅的氣象，像玉一樣的温潤透明，外柔內勁，有如藍田日暖，柳陌生煙，充塞着一種冲淡綿緲、微茫默遠的和諧氣氛。而自己稟賦過於剛厲，辦事易於任性，今後於這些方面要多加檢束。作爲一個執政者，應該是一個高明的樂師，將百姓萬民的衆籟之聲，協調爲一個和諧動聽的樂音，這纔是最爲成功的治理。過去讀史，看到先哲將宰相的職責定爲『調和陰陽』，總覺得過於空泛，難以理解。今夜，他頓悟了。他仿佛察覺到自己已具備宰相之才，一時心中萬分興奮。

第五章　清查庫款

他又想到：作爲音樂來說，和聲其實也就是一種新的聲音。這種聲音是要產生在不同聲音的綜合之中。倘若衆聲都發出一個音來，就衹有大聲而没有和聲了。作爲一個方面之主，要讓部屬都說出自己的話來，然後再協調衆議，形成一個新的論說。這不就是博採衆長、釀花成蜜的道理嗎？

萬籟俱寂的秋夜，太原城最高衙門裏，張之洞靜靜地思索着……

第六章　觀摩洋技

一　英國傳教士給山西巡撫上第一堂科技啓蒙課

這天上午，上任不久的新藩司易佩坤拿着一份工部寄來的咨文來到撫署。咨文上說的是要山西按慣例，在兩個月內籌集十萬五千斤好鐵運往上海，交江南製造局，經費亦按慣例，每斤鐵連買價帶脚費，以四分銀子計算，共用銀四千二百兩，從當年地丁銀中扣除。

易佩坤哭喪着臉對張之洞說：『司裏接了工部這道咨文，幾天來甚是爲難。這個差使太難辦了。』

『有哪些爲難之處？』張之洞問。

易佩坤說：『爲難之處有二。一是十萬五千斤好鐵籌集不起來。據衙門裏人說，山西這幾年幾乎不煉鐵了，全省煉的好鐵加起來，頂多衹有五萬多斤，要在兩個月內籌集十萬五千斤好鐵是不可能的。二是鐵價加脚費每斤四分銀子，這是一百年前的老皇曆了，現在連脚費都不夠，這差使如何辦？』

易佩坤雖是叫苦，但叫得有道理。張之洞的雙眉皺了起來。他來山西做巡撫已經兩年多了，還没有辦過鐵差，便問：『這事先前是如何辦的？』

易佩坤答：『山西的鐵差，這兩年没辦，上次是光緒六年辦的。衙門裏的人說，當年葆庚辦此事，採取的是瞞、賄、壓三種手段過的關。』

『什麽是瞞、賄、壓，你說詳細點。』張之洞又皺了下眉頭，打斷了易佩坤的話。

易佩坤說：『瞞，就是瞞朝廷。一切照舊進行，不慌不忙，到了兩個月限期滿時，給朝廷上一道摺子，說山西的好鐵十萬五千斤都已籌備停當，即日起將妥運上海交江南製造局，讓朝廷知道山西藩署在恪勤辦差。賄，就是賄賂江南製造局，塞一張大大的銀票給局裏的辦事人員，請他們到時通過江蘇巡撫上摺給朝廷，說山西解來的十萬五千斤好鐵已如數收到。其實，這鐵裏好鐵大約衹有一半，另一半全是不合要求的平鐵和做不得用的廢鐵。江南製造局的辦事人員衹圖自己得利，將那些平鐵、廢鐵全當好鐵去用。壓，就是壓府縣。山西出鐵的地方主要在潞安府、遼州、平定州一帶，就向這些府縣一壓鐵的斤數，二壓銀錢，要他們如數如期運到上海，藩庫並不多拿一分銀子補給他們，任憑他們去攤派盤剥，置若罔聞。』

『豈有此理！』張之洞的手掌在案桌上重重地拍了一下，震得易佩坤心裏一跳。『瞞上壓下已是不可饒恕，這賄賂江南製造局，更是罪不容誅！易方伯，你知道江南局拿這些鐵做什麽嗎？那是造槍砲子彈的呀！難怪中國和洋人打仗總是輸，用這樣的鐵造出來的槍砲子彈，怎麽能打得過洋人？真是混賬！』

『葆庚這種做法固然不對，但工部的要求實在辦不到。司里正是不願像葆庚那樣做，纔來請示大人您給一個主意。』易佩坤拉長着臉，一副左右爲難的可憐相。

是呀，瞞、賄、壓不行，按工部說的去做也不行，這差怎麽當呢？張之洞心裏也没了主意。他尋思良久，也没想出一個好辦法來，衹得起身對易佩坤說：『你先回府裏去，過幾天我們再商議。』

易佩坤無奈，衹得離開撫署。張之洞一連幾天都爲這事困擾着，始終無一良策。他請桑治平幫他

出出主意。桑治平一時也想不出好點子來。他對張之洞説：『有些事看起來很難，那是因爲還沒有鑽進去，真正鑽進去了，總還是有辦法可想的。』

張之洞笑着説：『這件事就拜託你了，你就鑽進去吧！怎麽個鑽法呢？』

桑治平想了想説：『給我十天半個月的時間，我到出鐵的地方去走走看看。』

『好，你就下去查看查看吧！』張之洞説，『半個月後回來，我等着聽你的消息。』

十多天後，桑治平風塵僕僕地回到太原。他没有回家，徑直去了撫署。

『這些天裏實地查看得如何？』張之洞親自爲桑治平泡了一碗好茶遞過來，急急地問。

桑治平接過茶碗，喝了一口説：『這些天我馬不停蹄跑了潞安府的幾個縣。就這幾個縣看來，十萬五千斤好鐵可以籌集得到。』

『這就好！』聽了桑治平這句話，張之洞大大地舒了口氣。衹要好鐵的數量够了，剩下的就衹是銀錢的事，雖然也是難事，但畢竟要好辦些。『爲什麽易佩坤説，山西好鐵頂多衹五萬多斤呢？』

『是這樣的。』桑治平又連喝了兩口茶。他抹了抹嘴巴説，『好鐵是有，但官府收購時不肯出好價，所以煉鐵的老闆不肯把好鐵拿出來，説好鐵没有這麽多，要買就買平鐵好了，這平鐵裏面其實很多是廢鐵。至於好鐵，他們則偷偷運到直隸去賣。』

『喔，是的。這原因經你這一説，其實又很簡單。工部出的價低，到了出鐵的縣，縣衙門出的價也就低，賣鐵的就拿低價錢的鐵來應付。這樣，到了太原，大家就衹有看到好鐵少這一層了。』張之洞用簡潔明晰的語言描出了山西籌鐵的這個過程。他感慨地説，『葆庚是住在太原享福不肯下去，易佩坤也不願意喫苦去實地查看。你這一去，就把事情摸明白了。先賢告誡：爲官要體察民情。這「體

察」二字，真是太重要了。』

『正是。』桑治平對巡撫的這番感慨深表贊同，『體察，就是親身去查看，不是衹聽稟報看公牘，那畢竟隔了一層，許多真情實況就被蒙蔽了。』

『仲子兄，你有没有打聽一下買好鐵的價錢？按鐵老闆開的價，收購十萬五千斤好鐵，要多少銀子？』張之洞説着，自己也端起一碗茶，抿了一口。

『我問了，一斤好鐵大約要八九分銀子。若平均按八分五算的話，十萬五千斤好鐵需銀八千九百兩，即使不算脚費，工部所給的銀子也還短缺近五千兩。』

『是呀！』張之洞捧着茶碗，慢慢地説，『我問了下先前的鐵差押運官，從山西運到上海，光緒六年那一次，每斤鐵耗銀五分五，光脚錢就耗費一萬五千兩，現在開銷可能還要大些。加上買鐵的錢共差一萬餘兩，這筆龐大的開支從何處來呢？』

『我這次在長治遇到一個人，他説如果這差使包給他，十萬五千斤鐵，他衹要三千二百兩銀子，就可以按期全數運到上海。』

看着桑治平臉上洋溢着興奮的神采，張之洞也興奮起來：『此人是誰？他能有這大的本事，每斤鐵衹需三分的脚費！』

『此人是個洋人。』

聽説是個洋人，張之洞臉上的喜色頓時消除了。他冷冷地説：『洋人都是騙子，不要相信。』

桑治平臉上的喜色却依舊：『我和這個人説過一晚上的話，我看他不是騙子，他比我們許多中國人都誠實。』

『你跟他說了一個晚上的話？』

張之洞睁大了眼睛。他雖然多年來就開始注意外國的事情，也讀過幾本江南製造局譯書館譯的外國人寫的書，並且上過不少關於夷務的摺子，但和他的京師清流黨朋友一樣，始終没有近距離地見到一個外國人，更談不上與他們交談了。當然，最主要的是他不懂洋話；另一方面，他也不屑於跟那些黄頭髮、藍眼睛的夷番對話：他們都居心險惡，且無學問，一個堂堂天朝禮義之邦的官員，豈能與他們交談！

『是的。』桑治平笑了起來，說，『我們是用中國話交談。香濤兄，你可能根本没有想到，他的中國話説得比我還中聽。我的話裏常有河南土音，而他説的竟是差不多標準的京腔。』

『真有這樣的洋人？』張之洞知道桑治平是個誠實君子，不會説假話，但他還是不能不懷疑，因爲這太不可思議了。

桑治平完全能理解張之洞的詫異，於是詳細地説：『我到長治後，郝縣令告訴我，有一個很能幹的洋人住在驛館裏，問我要不要見他。我説洋人我願見，但彼此不能交談，見也是白見。郝縣令笑着説，這個洋人可以講一口流利的中國話。我一聽馬上説，那就好，我這就去見他。郝縣令陪着我去驛館。那洋人一見我，便用很嫻熟的京腔跟我説話。我一高興，就和他聊上了一個晚上。』

『都説了些什麼？』

張之洞也來了興致。他是一個好奇心很强的人，凡他不知道的東西，他都有一股子要弄明白的强烈願望。

『這個洋人告訴我，他的名字叫李提摩太，是英國人，同治八年二十五歲時就來到了中國，已在中

國居住十五六年了。』

『哦，這麼久了，怪不得會説中國話。他是做什麼事的？』

『他是個傳教士。』

聽説是個傳教士，張之洞的心中立即冒出一股反感來。他厭惡洋人，尤其厭惡洋人中的傳教士。他曾遠遠地看過傳教士：穿着黑色的寬大長袍，胸前掛着一個十字架。這種穿着打扮，他怎麼看都不順眼。而最令他不能接受的，則是傳教士的那一套學説和教規。什麼上帝、基督耶穌、聖母瑪麗亞，什麼凡男人皆兄弟、凡女人皆姊妹，什麼死後靈魂升天堂，還有洗禮、做禮拜、祈禱唱聖歌等等，張之洞都視之爲歪門邪道，荒誕不經。尤其令他深惡痛絶的，是那些洋教士在中國的横行霸道、仗勢欺人。他們在中國到處建教堂，强行傳教，收中國人做教民。他們藐視官府，目無中國法紀，挑起事端。許多事情明明是他們無理，打起官司來，却又都是中國人敗訴。幾十年來教案不斷，無不以中國人認錯賠款、拘殺自己的百姓來平息。到山西這兩年來，他也遇到過幾件頭痛的教案，至今尚未了結。

張之洞緊鎖着眉頭説：『此人既是個傳教士，你不應該與他交往，他即便可以省幾千兩銀子的脚費，我們也不要找他。那些傳教士都很陰險，不知他們背地裏包藏着什麼禍心。』

桑治平哈哈大笑起來：『你怎麼變得這樣膽小怕事了！你是一個堂堂的巡撫，他是一個小小的傳教士，你難道還怕他喫了你不成？』

張之洞不好意思地笑了笑，説：『不是我怕他，他們都不是好人，犯不着跟他們打交道。』

『我知道，你是清流出身，恨洋人。對於洋人，我和京師清流君子們有些不同的看法。』桑治平收

起笑容，正色道，『洋人欺負我們，是應該恨，但我除開恨之外，還有一種佩服心。你看他們的鐵船造得那樣大，走得那樣快，大海大洋中如履平地，這要多大的本事？他們把槍砲造得殺傷力那樣大，把鐘錶、機器造得那樣精巧。他們造出電報來，一封信函，萬里之遙，頃刻可到。這些，要有多大的能耐纔做得到？我是不得不佩服呀！』提起鐘錶，三年前龍樹寺捧錶的那一段往事，又浮起在張之洞的腦子裏。他當時雖覺得那種做法過頭了點，但他理解與會者的心情。鐘錶與燃香計時，孰優孰劣，這是不待智者而知的事；同樣，鐵艦與木船、洋砲與土砲、電報與馬遞，孰優孰劣，這也是不待智者而知的事。桑治平說得有道理，張之洞不得不認同。他靜靜地聽着，沒有做聲。

『說起洋教來，也是有很多使人氣憤的地方。說實話，他們那一套教義，我是決不會接受的，但是我也看到了另一面。』桑治平不疾不徐地繼續說下去，『比如說，洋教的宗旨是勸人爲善，反對作惡，這點與我們的儒學求仁成仁是一致的，更與老百姓的佛祖、菩薩一個樣。洋教的傳教士在中國辦了不少育嬰堂，收容流浪街頭的孤兒，又大量散發藥丸，免費爲人治病，這些都是事實。尤其使我讚許的是，傳教士都堅決反對吸食鴉片，他們與販賣鴉片的洋人在這件事情上也是勢不兩立的。』

『此話當真？』傳教士反對吸食鴉片這一點，張之洞過去不知道。

『是真的，先前我就聽說過。這次我在李提摩太那裏看到他們的教規，明文規定教徒萬不可吸食鴉片，且有勸導別人不吸食鴉片的責任。』

聽說傳教士自己不吸鴉片，並勸告別人也不吸鴉片，正在大力禁止鴉片煙的山西巡撫，對傳教士突然生發出一絲好感來。

『洋教士中確有不少作惡之徒，但我也聽說過其中有不少慈善家，李提摩太就是一個慈善家。郝縣令告訴我，李提摩太是光緒三年到山西來的，那時山西正遭旱災，李提摩太在潞安府一帶以教會的名義，捐獻過一萬兩銀子。他還面見過曾九帥，提出以工代賑的主張。曾九帥嘉獎他，並擬上報朝廷，賞他一頂四品銜的頂戴，他謝絕了。潞安府一帶的百姓都說他是洋善人。』

張之洞一聲不響地聽着。這個從未謀面的屬於可惡的洋教士一分子的李提摩太，在他的心中贏得了一分好感。

『李提摩太隨我一起來到太原，我送他在驛館住了下來。他想見見你，你是否願意見他一面？』

『且慢！』

張之洞在心裏猶豫着。儘管李提摩太反對吸食鴉片，又捐款救賑山西的旱災，不屬於洋人中的惡劣之輩，但自己身爲山西之主，接見他，就是給他一個很大的臉面，這個臉面值得給他嗎？當年清流黨的中流砥柱，基於多年的宿怨，仍不願意降尊紆貴與夷番打交道。

桑治平深知張之洞的疑慮，他從隨身帶着的布包裏拿出一本小册子，遞給張之洞說：『這是李提摩太寫的一本小書，你不見他可以，我勸你不妨讀讀他的書。我先回家去了。』

說完離開了撫署。

李提摩太的這本小書名曰《富晉新規》。張之洞對『富晉』極感興趣。作爲一個山西巡撫，在完成禁煙、清庫、整飭吏治等幾樁大事之後，當務之急便是要設法讓山西的百姓富裕起來。這一點，在張之洞的腦子裏從來是明白的。在做言官的時候，他便清醒地認識到，一切舉措，最終的目的衹是爲了國家的強大和百姓的富裕，若這兩個目標沒有達到，其舉措則沒有落到實處。山西貧困，如何使百姓致富，就顯得更爲重要而實在。張之洞倒要認真地看看，一個外國傳教士是如何藉箸代籌的。

他打開《富晉新規》，打頭一句話便引起了他的注意：『爲政有四大端，一曰教民，二曰養民，三曰安民，四曰新民，教之以五常之德，推行於萬國。』

『五常之德』是華夏的聖訓賢德，乃張之洞信守篤行了一生的準繩，這個洋教士並沒有以他的上帝耶穌的教義，而是以中國的道德倫常來教化中國百姓，此人看來真的不可惡。

『養民者，與萬國通其利。斯利大，則民易養。安民者，息兵弭戰，使民有安樂之居也。新民者，變通求新也。窮則變，變則通，變通乃求新之惟一法則也。』

『窮則變，變則通』，張之洞讀到這句《易傳》上的話時，感到很親切。心裏想：這個洋教士的確讀過中國的書，也懂得中國的學問，看來是不簡單。

再往下讀，李提摩太具體提出四條富晉新規來：開礦産，興實業，通貿易，辦學堂。這四條新規講得也還有些道理，山西巡撫感覺到自己也從中得到一些啓發。他很快就把這本祇有三萬字的小册子瀏覽完畢，立即派人告訴桑治平，明天上午在撫署召見李提摩太。

第二天上午，桑治平將李提摩太帶了進來。當李提摩太説了一句『拜見巡撫大人』的話，擡起頭來時，張之洞用他又大又長的雙眼，將這個洋人注視良久。他生平還是第一次如此近的觀看一個洋人，而這第一個洋人便讓他驚異不已。

這個洋教士不但沒有穿黑長袍戴銀十字架，就連通常的洋裝也沒穿，而是穿一套中國普通紳士的服裝：醬色土布長袍，黑底起金色團花的緞面馬褂，戴一頂黑呢瓜皮帽，尤其令張之洞詫異的是，瓜皮帽底下分明晃動着一根長長的辮子。

這身打扮立時給張之洞一種舒服的感覺。流暢的中國京腔，典型的袍褂髮辮，大爲消除張之洞心中根深蒂固的排外情緒。當然，李提摩太畢竟是洋人，他深陷下去的藍色眼睛，高高隆起的鼻樑，以及架在高鼻上罩着藍眼的那一副金邊玳瑁眼鏡，都在表明他來自異邦。

張之洞臉上勉强擠出一絲笑容，將他以遠客對待，先奉承了一句：『先生的中國話説得真好。』

李提摩太説：『我從英國來到貴國，將近十六年了。我剛來那幾年，專門請了一位生長在北京的朋友教我説中國話。我現在不但能説北京話，還能説山東話、山西話，也可以説幾句上海話。』

桑治平插話：『李先生在潞安府一帶，與當地百姓説話都説山西話，連鼻音都學得很像。』

這句話引來張之洞發自内心的笑容，説：『我當了兩年多的山西巡撫，都還不會説山西話，先生是語言天才。』

李提摩太説：『久聞撫臺大人道德文章滿天下，我非常欽佩。』

説完，他右手按在胸口，微微彎了一下腰，做出一個極恭敬的姿態來。

『也不過徒有虚名罷了。』張之洞淡淡一笑，擺擺手，『請坐吧！』

待李提摩太和桑治平都坐下後，張之洞問：『聽説先生可以幫忙將山西之鐵運到上海，且脚費低廉，不知有何良法？』

李提摩太答：『山西之鐵運往各省，大多走陸路。陸路耗費很大。運到南方去的，遇有江河，也用船運，耗費跟全走陸路的相比，要省一些。我想請敝國的輪船公司幫忙，走海運一路，在天津塘沽港上船，直達上海，這樣可以省去三分之一的脚費。』

海運！張之洞眼睛一亮：這倒是一個好主意！他知道十多年前，南方的漕糧便有由外國輪船從海道運到北京的，既然可以運糧米，當然也可以運鐵塊。

『你跟輪船公司熟?』

『敝國怡和輪船公司，在貴國長江上經營航運業已經有二十多年了，一向信譽很好。』李提摩太帶着幾分自傲的神態說，『公司的總經理是我的同鄉，我們小時候在一起長大，有很深的友誼。山西產鐵和煤，要運出省外賣掉纔能獲取大利。我可以跟我的同鄉說好，今後山西的煤鐵到沿海一帶的運輸，都由怡和公司包起來，雙方簽訂契約：怡和公司以八折優待山西省，山西則不將這筆生意再給別人。先簽兩年試試。如果行，就繼續簽，不行則到期自行廢止。這樣，不論對山西，還是對怡和公司都有利。』

張之洞覺得很好：改用海運，已經節省不少脚費，再打八折，又省了一部分，山西的煤鐵總得要人運輸，何不就找怡和公司一家！

『你的這個建議很好，我們就先試一試這次運鐵吧！一切順利的話，我就同怡和公司簽兩年的契約。』

『撫臺大人是個爽快人！』李提摩太滿臉笑容地說，『我去對怡和公司說，這次就以八折優待！』

李提摩太心裏很高興。他爲怡和公司攬到一筆大生意，山西的煤和鐵都很好，以後再去遊說別處，讓他們來買。如此，怡和公司與山西的生意便可源源不斷地做下去，獲取巨額利潤。自然，他從中也可以得到極爲可觀的傭金。這真是一舉數得的大好事。

張之洞說：『我讀了先生的《富晉新規》。先生爲山西的致富，用了許多心思，作爲山西省的巡撫，我對此很感謝。先生的書裏提出了不少好的建議，這些還需要我們再從容商議。今天暫不談這個。先生是英國人，英國在世界上號稱頭號强國。我想請先生談談，貴國主要靠的什麽來富强的。』

李提摩太答：『敝國走上富强之路，靠的多方面的原因。大人若有興趣，我今後詳詳細細地給大人稟報。我先給大人說一個最重要的原因，那就是敝國的科學技術要比貴國發達一些。』

『什麽叫科學技術?』

童年時代便已把《說文解字》背誦如流，自認爲凡中國文字都懂的張之洞，對『科學技術』一詞却茫然不知所解。

見李提摩太的手在頭上的瓜皮帽側摸來摸去，桑治平知道洋教士被這一問給難住了。的確，這個英國小學生都懂的詞，現在要用中國話來詮釋，李提摩太一時真的還不知道如何去組織詞彙。前些年便開始留心西方學問的桑治平衹得代他解答。

『這是最近幾年纔出現的新詞。』桑治平思索片刻後說，『這「科學」二字，指的是每一科每一門的學問。好比說我們中國有經學，就是專門研究五經的學問。經學裏又有易學，就是專門研究《易》的學問。外國人則認爲每樣東西裏都有學問。如專門研究一二三四這些數字的叫做數學，專門研究豬狗牛羊的叫做動物學，專門研究颳風下雨的叫做氣象學。這些統稱爲科學。至於技術，就是實際操作時的技能。如建房屋的技能，就叫做建築技術。外國人的鐘錶很精工，就是說他們製造微小機器的技術很高明。李先生，我這樣解釋，不知對不對?』

『很對，很對！』李提摩太高興地說，『就是這個意思。貴國人很聰明，但聰明才智都用在對人的研究上。如一個士人應該如何如何，纔能被別人承認爲君子。一個官員應該如何如何，纔可以得到上司的信任，做到遷升快、官運好。又喜歡把精力用在對過去事情的記誦上。我與許多中國官員談話，發現他們對貴國幾百年幾千年前的事說得清清楚楚，但對眼前發生的事却講不清楚，更拿不出一個好

的處理辦法來。』

真可謂旁觀者清！這個洋教士的幾句話説得張之洞不得不在心裏表示贊同。中國官場不正是這樣的嗎？許許多多的人成天算計的，就是如何去博得上司的好感，求得早日升官換頂子。要説起本事來，就是背誦『四書』『五經』、復述前朝掌故的記憶力，至於經世致用，則一點能耐都没有。

李提摩太繼續説：『我們英國人則更喜歡對天地間一切事物都用心研究，從中發現許許多多對我們人類有用的東西。我們英國之所以富强，就得力於這種對天地萬物的研究，也就是説得力於科學。又得力於將研究成果變爲人類所用的轉化，也就是技術。這就是我剛纔所説的英國的富强，得力於科學技術。』

張之洞似有所悟，沈吟不語。這時，巡捕送進來一個大包封。桑治平知道張之洞有緊急公務要辦，便起身對李提摩太説：『張撫臺有公事要辦，今天就談到這裏吧！』

李提摩太忙起身告辭。

張之洞説：『明天下午你再來吧，我們接着談。』

二　巡撫衙門裏的科學小實驗

這個大包封裏的文牘非比尋常，它是軍機處奉上諭向各省督撫發出的關於越南戰事的通報，並附有最近幾個月越事進展的各種資料。

四夷之事一直是以天下爲己任的清流黨人，視爲不可推卸的分内的事情。東南西北邊境的風吹草動，清流黨人儘管遠在京師，却可以通過各種渠道瞭解得清清楚楚，尤其是朝鮮、琉球、越南等中國的屬國，他們更是特别地關注。張之洞就是在這樣的環境中積蓄他的四夷之學的。儘管已來到山西做巡撫，他的志向仍在經營八表，晉省以外的大事他都關心着。這等重要的軍國大事，他張之洞怎能不管？他當即停辦手頭上所有的事情，一頭扎進包封中。

越南之事由來已久。

早在同治元年，法國便與越南阮氏王朝在西貢簽訂了一個不平等的條約。這個條約規定越南割讓邊和、嘉定、定詳三省和康道爾島予法國；並向法國賠款四百萬元，允許天主教在越南自由傳教；開放土倫、廣安等港口，法國船隻可以在湄公河自由航行和經商。

有了這個條約，法國便不把越南政府放在眼裏，在越南境内爲所欲爲。法國駐西貢總督派遣一支以安鄴爲頭領的軍隊，攻陷北部大都市河内，試圖控制整個越南北部，以便經紅河直接進入中國，擴大其海外貿易。

在中越交界處有一支獨特的軍隊。這支軍隊的軍旗爲鑲着七顆星星的黑色旗幟，人們叫它黑旗軍。黑旗軍的首領名叫劉永福。劉永福是中國人，籍隸廣西，原是廣西天地會頭領吳元清的部下。吳元清起兵反清，自號延齡國主。吳失敗後，劉永福率部隊二千餘人進入越南，駐紮在保勝一帶。劉永福精明强幹，黑旗軍頗有戰斗力。此時，劉永福接受越南政府的請求，率部進攻由法國人佔領的河内，斬首數百，法軍頭領安鄴也在被殺者之列。法國政府見越戰失利，乃拘捕在巴黎的越南三個使臣，以甘言誘引越南國王與之簽訂第二個西貢條約。條約規定法國贊同越南爲獨立國，但外交須接受法國監督；越南則承認法國在越南南部享有主權，並向法國開放海防、河内等港口及紅河航道。這是同治十三年的事。

以後幾年，駐英法公使曾紀澤，以及兩江總督劉坤一、兩廣總督張樹聲、雲貴總督劉長佑等人都多次提醒朝廷，要加强廣西、雲南的邊防，警惕法人的入侵，但這些話並未引起慈禧和恭王的足够重視。

光緒八年，法國派兵攻陷東京。第二年，法國海軍大佐李威利率兵至河内，揚言攻打首都順化。越南國王害怕，再次請劉永福出兵。劉率黑旗軍在河内城外大敗法兵，斬李威利及兵士二百餘人。越南國王因此授劉永福爲『三宣正提督』。

法國政府不甘失利，又派遣少將波歐率陸軍攻打順化。正在這個時候，越南國王病死，政局混亂，新國王向法國乞和，締結保護條約。此條約規定越南爲法國的保護國，中國不得干涉越事。越南因此而不再是中國的藩屬國了。

接着，法國政府派遣一支由一萬五千人組成的遠征軍，攻取紅河三角洲的山西、北寧等地，驅逐駐紮在那裏的黑旗軍和清軍，以便完全控制越南北部。

法國與中國終於爆發了軍事衝突。

面對着法國咄咄逼人的軍事進攻，中國政壇上關於戰與和爭論激烈，朝廷舉棋不定。

在對外交往中，張之洞一貫主張强硬，不願示人以弱。越南本是中國的藩屬國，法國仗勢將其納入自己的管轄之下，已是欺我太甚，現在又派重兵驅我駐紮在越南的軍隊，這更是公然挑起了戰爭。法國理虧在先，我們應該捍衛自己的尊嚴，奮起迎戰！

早在去年海軍攻陷東京時，張之洞便在太原向朝廷拜發了一道《越南日蹙宜籌兵遣使先予預防摺》，重申中國古代『守四境不如守四夷』的邊防策略。看完這一大堆文牘後，他更認識到非戰不能遏制法人的貪慾，非戰不能保衛雲南、廣西邊境的安寧。他決定立即向朝廷申明自己的態度，並爲太后、皇上貢獻自己的越事謀略。

他召來桑治平、楊鋭、楊深秀等人，要他們在撫署連夜閱讀朝廷寄來的所有資料，明天上午和他們一起探討越戰方略。

這天夜裏，張之洞的卧房裏燈火亮了大半夜，他在苦苦地思索着對付法國侵略者的辦法。

次日上午，巡撫衙門寬大的花廳變成了激烈熱鬧的議事廳。楊鋭少年氣盛，對老師主戰的態度全盤擁護。三十剛出頭的楊深秀熱血熱腸，對朝廷的萎靡不振深爲不滿。他亟望通過這次對越用兵，能使朝廷洗去暮惰，振作聲威。老成穩健的桑治平則爲之提供了不少計慮深遠的良謨。最後，張之洞決定同日給朝廷上兩個摺子。

一個摺子定名爲《法釁已成敬陳戰守事宜摺》。從出兵越南、封贈劉永福、備戰兩廣、防衛天津四個方面提出策敵情、擇戰地、用越民、務持久、籌餉需、備軍火等十七條具體措施。這個摺子，他叫楊鋭先起草。

另一個摺子定名爲《法患未已不可罷兵摺》。這個摺子詳述儘管前方暫處不利，但我終究會取勝，務須立足堅持，不可輕言罷兵。宜增兵越南，備守海疆，激勵士氣。張之洞將此摺交楊深秀起草，並特別指出，這道摺子是針對主和一派而上的。

大家在一起喫中飯時，張之洞的腦子裏又浮起一個想法。他對桑治平説：『你去告訴那個洋教士，就説我今天下午有事，不能和他繼續談話了，改日再説吧！』

桑治平没做聲。過一會兒，他説：『洋人辦事很講信用，約定的事情，不在萬不得已的情況下不

作改動。你這是第一次與洋人約會，最好不要改約。不知你有什麼事，是否可由我來替你代勞？』

張之洞說：『我一直在想越戰這件事。太后很聽李少荃的話，恭王更是事事照他的意思辦，一遇到與洋人發生衝突，李少荃不是讓，就是和，這次他又是這個態度。太后有血性，不願在洋人面前示弱，但經不起李少荃的巧辯和恭王的勸說，最後還是會聽他們的，以和讓完事。我想再上個附片，勸太后聖心獨斷，不要聽旁人的無識之見。』

桑治平說：『你這個擔心是有道理的。我說句不恭的話，太后畢竟是女流之輩，氣魄不足，想起每一次與洋人打仗最後都是輸的往事，很可能就沒有信心了。你上這個附片是很有必要的。這樣吧，今天下午你還是按原計劃去見李提摩太，附片由我來先起個草。你看如何？』

『也好。』張之洞想了一下說，『我想好了幾句話，你在附片中用上。』

『行，你說吧！』

張之洞仰起頭，半眯着眼睛，慢慢地一字一頓地說：『太后斷之於上，召見恭王、醇王贊助於下，聖意主之，中外諸大臣行之。朝廷於樞臣，但責其謀劃盡心不盡心，而不必計敵之強與弱；於督撫將帥，但責其戰之力與不力，而不必責其戰之勝與敗。不論一事之利鈍，但論全面之得失，然後上下內外文武軍民同秉一心。』

『心定則氣壯，氣壯則力果。』桑治平禁不住接了下來。

『對，接得好！』張之洞高興起來，又加了一句，『心定則神閒，神閒則智出。』

桑治平笑道：『這兩句將會成爲警句，廣播人口。』

張之洞勁頭更足了，又想起了一句：『主餉主兵，任謀任戰，各竭其能，各效其力，十八省合爲

一身，南北洋聯爲一氣，人謀既和，天道佑之，正義之師，終將獲勝！』

『就用這句話結尾。』桑治平起身說，『你放心，剛纔這些話我會全用上，太后會被你的這番信心感動的。』

李提摩太很守時，約好的未初二刻，他一分不差地就來到了巡撫衙門。與上次不同的是，他這次提來一個小鐵皮箱子。

張之洞指着鐵皮箱問：『你這裏裝的是什麼？』

『裝了幾件小玩意兒。』李提摩太笑了笑說，『昨天大人問我英國是如何富强的，我說主要靠的科學技術。今天我想就科學技術上的兩個最大成就，用小實驗來具體説明下它的原理，想必大人會因此對英國的科學技術有更深刻的印象。』

這個洋教士要實地演習，真是太有趣的事了，常言說耳聽爲虛眼見爲實，對於泰西各國發達的科學技術，太原城各大衙門的官員和自己一樣，也都是聽得多見得少，至於原理，則絕對都是一竅不通的。這是一個難得的機會，何不多叫幾個人一起來看看！

『先生，你準備演習些什麼？』

『我準備給大人做兩個實驗，一個是蒸汽機，一個是電。我們英國就是靠的這兩樣東西創造了無窮無盡的財富。』

『好。』張之洞說，『你暫時到小客廳裏休息休息，喝喝茶，我打發人立即把太原城幾個大衙門的官員都請來，一起來看你的實驗如何？』

這是李提摩太求之不得的事，他正好藉此結識山西省的各大官員們，提高自己在他們眼中的身價，

這對於今後在山西傳教辦實業做生意，都是極爲有利的。他忙説：『謝謝大人的美好安排，我可以在小客廳先做些準備，讓各位大人老爺看得更好些，請大人給我派一個幫手。』

張之洞叫來一個衙役去協助李提摩太，然後吩咐巡捕立即派人分頭通知藩司衙門、臬司衙門、糧臺衙門及太原知府衙門，叫他們火速來此，有要事相商。

巡捕遵命出去後，他放心不下上午所議的大事，便離開大堂去花廳，看看正在那裏擬稿的楊鋭、楊深秀。

聽説是因爲一個洋教士進了撫署，纔有了撫臺大人的急召，各大衙門的正堂心裏想，多半是哪裏出了大教案。這些年來官員們最怕的一是出教案，二是與洋人打交道，一旦與這兩件事沾上了邊，總有受不完的窩囊氣。洋人在你面前趾高氣揚不可一世，你得在他面前低聲下氣；老百姓見你昧着良心袒護洋人，罵你是漢奸、二毛子，你也得受；上司更怕洋人，見你給他添了亂子，罵你混賬無用，你也衹能敢怒不敢言。世上還有比這更窩囊的事嗎？

這些靠烏紗帽過日子的官員急急忙忙坐上轎子，向撫臺衙門奔去。不一會，藩司易佩坤、臬司方濬益、糧道薄德文和剛擢升爲太原知府的馬丕瑶便都到齊了。

等衆人坐定後，張之洞將李提摩太喚了出來。衆官員見這個碧眼隆準的高大洋人，却穿長袍馬褂，腦後還懸了一條烏黑長辮，都先自三分詫異。

張之洞笑着對各位介紹：『這位是從英國來的李提摩太先生，在中國住了十五六年，在我們山西也住了好幾年。他的中國話説得好，還會説山西土話。』

衆官員你看看我，我看看你，對洋傳教士能講山西土話一説甚是驚奇。

第六章 觀摩洋技

『我請諸位來，是想要諸位和我一起，觀看李先生給我們表演他的實驗。李先生，請吧！』

李提摩太彬彬有禮地向衆官員鞠了一躬後説：『昨天，張大人問我英國富强的原因，我説英國富强主要靠的科學技術，這其中又有兩個最出色的項目，一是蒸汽機，一是電。爲了具體説明這兩項科學技術成就，我今天當衆給各位大人演示兩個小實驗。』

包括張之洞在内，這些主宰山西一千萬百姓命運的父母官，還從來没有見過演示科學技術的實驗。他們衹是在進入官場前，作爲一個普通人在街頭巷尾看過魔術師的變戲法。此刻，他們全都瞪大着眼睛，將李提摩太當作一個變戲法的洋魔術師看待，且看他變出什麽『科學技術』來！

兩個衙役從小客房裏擡出一張條形長桌來，長桌上面擺着一個機器，細細看時，又發現機器是放在兩根小小的鐵棒上。

李提摩太指着機器説：『這是一個火車頭的模型，我們英國運貨物，主要靠的是火車。火車靠火車頭，一個火車頭後面掛十個八個車厢，一個車厢可裝五六萬斤貨物，十個車厢就可裝五六十萬斤。』

官員們的座位上發出了哇哇的叫聲。有的人在心裏盤算着：一個强壯漢子不過挑一百斤擔子，這一列火車就抵得上五六千個男子漢了。真不可思議，一個火車頭怎麽會有這大的威力！

『一個火車頭怎麽會有這大的力量呢？』像看出官員們的心思似的，李提摩太指着機器模型説，『關鍵在於火車頭裏有一個蒸汽機。』

李提摩太將火車頭模型的一半外殼拆開，裏面的蒸汽機裸露出來。張之洞等人定睛看着。

『蒸汽機由許多部件組成。這些部件大致可以分爲三個部分：一是水箱，二是汽缸，三是傳動系統。用煤作原料，點燃加温，水箱的水變成蒸汽，蒸汽被送進汽缸，在汽缸裏膨脹後，就形成一股力

量，然後這股力量又傳遞給傳動系統。傳動系統一動，就將車廂帶動起來了。爲着減少摩擦，加强承受力，輪子下面便安裝了兩根鐵軌。』李提摩太用手指敲了敲小鐵棒說，『這就是鐵軌。』

張之洞用心聽着，仔細地欣賞那些曲曲折折的小鐵杆，如同幾千年前的陶罐上那些彎曲的紋飾一樣，這些曲折小鐵杆引起他豐富的聯想。但那些司道大員却没有撫臺的這種興致，他們急切盼望的是戲法快點登場，至於那些如何變化的過節，他們並不想知道，因爲他們壓根兒就不想做魔術師，不管是中國的旱地釣魚，還是外國的『科學技術』，在他們的眼裏都是下九流的勾當，不是朝廷命官的正業。

『我現在就來演示給各位看。』

李提摩太拿出一個小瓶子來，把瓶子裏的液體倒進銅皮鍋裏，說：『這裏原本是裝煤的地方，但煤一下子不易燃燒，我用這種酒精作代替，它和煤的功能一樣，衹是爲了提高温度，把水燒沸。』

說完，李提摩太又拿出一包洋火來，擦燃一根洋火棒，將酒精點燃。

戲法開始了，衆官員緊張地盯着。

酒精火力很大，不一會，銅鍋上的鐵罐裏的水便滚開了，發出『噗噗』的聲音。再過一會兒，曲曲折折的小鐵杆竟然奇跡般地扭動起來。隨着曲鐵杆的扭動，兩個小輪子開始轉動了，整個火車頭也便跟着在小鐵棒上滑動。同時，汽缸邊的小圓筒裏一面冒出雪白的蒸汽，一面不停地發出『噗哧、噗哧』的叫聲。火車頭在鐵棒上不停地行走，很快便走到盡頭。李提摩太把火車頭提起，放到鐵棒的始端。於是，它又重新在這兩根鐵棒上繼續轉動起來。

『各位大人看清楚了嗎？這就是利用蒸汽機做成的火車頭。將這個蒸汽機裝在船上，船就不要人

划，裝上幾萬幾十萬斤貨物，能在大江大海上自由行駛。若將它裝在挖煤機上，煤就不要人挖，幾十幾百斤重的煤塊就會自動被挖出來。』

張之洞猛然想起閻敬銘榆次驛館的長談。那年氣死恩師的英國輪船，不就是因爲裝上這樣的蒸汽機嗎？恩師臨終囑託彭玉麟的話又浮起在他的腦海里。蒸汽機這種東西就是好，不應該睁着眼睛不看它。既然好，爲何不學過來呢？一時學不上，把别人現成的買過來也是對的。李鴻章買輪船辦洋務，不也是在實現恩師的遺願嗎？看來，京師清流朋友們一味指責洋務，並不是明智之舉。

張之洞正在沈思遐想之際，衙役已將火車頭模型搬走，衹見桌上换了另外一些物品。

『各位大人，我們大英帝國女王向各級官員下達聖旨，不像貴國那樣用馬匹傳遞，十天半個月纔能到達，而是用另一種東西輸送。不管這個官員在何等偏僻的地方，女王的聖旨寅時下達，他卯時便可收到。女王要和哪個官員說話，也不需要像貴國那樣召他進京，而是通過一種東西和他談話。在倫敦王宫裏說話，官員在那邊當時就聽到了，清清楚楚絲毫不走樣，如同面對面說話似的。』李提摩太神采飛揚地說到這裏，提高了嗓門，『這種東西是什麽，它就是電。電是什麽，我今天當場演示給諸位看。』

李提摩太將桌上的一張白紙撕成碎片，然後拿起一根拇指粗的玻璃棒在碎紙片上滚動着，再將玻璃棒拿起，對大家說：『諸位方纔都看清楚了吧，這是一根普通的玻璃棒，它對紙片没有一點吸引力。』

說完，他另一隻手從桌上拿起一塊毛皮。將毛皮用力地在玻璃棒上來回摩擦幾下後，他再將玻璃棒對着碎紙片。這時，一件怪事出現了：玻璃棒離碎紙片還有寸把遠的距離時，那些碎紙片便一片片

地向棒端飛去，就像妖魔鬼怪突然遇到觀音菩薩的淨瓶似的，身不由已地奔進去。大清國的官員們被這個奇怪的事兒弄得莫名其妙。

『各位，紙片現在爲什麽被玻璃棒吸上去了呢？這是因爲玻璃棒經過毛皮摩擦後帶了電。兩樣物品經過摩擦後，各自都會帶上電，這個現象叫做摩擦起電。』

接着，李提摩太又從他所帶來的鐵箱子裏取出一件物品來。這是一個木頭架子，架子上插了一根半尺長的細鐵針，鐵針的上端是粒棗子大的圓鐵球，下端是兩片薄薄的發亮的金屬片。

李提摩太指着薄片說：『諸位請看，這兩片薄葉是緊貼在一起的，等一下，注意看它有什麽變化沒有。』

說完，他一手拿起毛皮，一手拿起玻璃棒，用勁地互相摩擦了幾下，然後將玻璃棒的一端碰着鐵針上端的圓球。瞬息間，鐵針下端的那兩頁薄片便分開了，就像有一陣風從底下吹起，將它們吹開了似的。

衆人正在疑惑的時候，李提摩太說：『剛纔說過，經過毛皮摩擦的玻璃棒上起了電，這個起了電的棒碰上圓球後，棒上的電便傳到圓球上，再經過圓球傳到鐵針上，通過鐵針又傳到兩頁薄片上。兩頁薄片上因爲帶的是同一種電，便會互相排斥，因而張開了。如果是兩種不同的電，便會互相吸引，挨得更緊。電有正負兩種，諸位若有興趣，我下次再詳細講。這個實驗，已讓你們親眼看到電的存在了。我們英國有一個偉大的人物，他的名字叫法拉第。就是他在五十年前，藉助機械大量造出電來，再通過電綫將電傳送出去。電報、電話就這樣産生了。』

電的印象，在衆司道大員的心目中仍然是不可觸摸的玄虛怪物，他們中大多對此已無興趣了。

相對蒸汽機來說，電在張之洞的腦子裏也依然是空空洞洞的，洋教士的這個實驗，也並沒有讓電像蒸汽機一樣，使他感受到明明白白的存在。但他相信洋教士沒有在騙他，因爲他知道電報這個東西確確實實是真的，它一定也是靠什麽來傳遞，否則怎麽可以從此地到彼地呢？

見他的同寅們都有疲倦之色，他意識到實驗應該結束了，便對客人說：『李先生，你的這兩個實驗使我們開了眼界，但是我想，無論是蒸汽機還是電，製造出來很難，使用起來大概也不是一件易事，中國目前要使用蒸汽機和電，或許還有許多困難。』

『是的，大人說得很對。』李提摩太說，『蒸汽機和發電機都可以從我們英國買進來，但使用它們的人，必須有很高的技能。目前不要說山西省，就是北京、上海、廣州這些大都市也沒有使用蒸汽機和發電機的人才。不過，這不要緊，可以培養。如果張大人相信我，我可以爲此盡自己的力量。』

儘管張之洞亟盼望能有許多蒸汽機在山西使用，從而挖出更多的煤和鐵礦，儘管他也亟盼望山西能發出電來，他的許多文牘能藉助於電綫朝發太原，夕至各縣，使得三晉各級官吏如同他的指臂一般，按他的指揮行動，但他還不太相信這個着中裝講漢話的英國傳教士，不知他的殷勤背後是否有着其它用心。更何況眼下山西尚不是使用這些洋機器的時候，哪有那麽多閒錢從英國去購買？又哪有那麽多的技師去管理？即使李提摩太願意來充當教師，目前山西也找不出幾個能學洋技能的人才呀！

不過，李提摩太這番舉動，也給張之洞以重大的啓示：洋人不是鐵板一塊的。洋人中有人憑藉堅船利砲來欺負中國，洋人中也有人願意與中國做生意，願意爲中國購買機器、傳授技能；不管他出自何種目的，我至少可以從他那裏取來爲我所用之物。且將這個洋教士羈縻着，待時機成熟後再說。

張之洞起身，笑着對李提摩太說：『謝謝你的這番美意，來日方長，我們再從容計議。』

就在張之洞同日拜發三摺，就越南戰事發表己見後不久，法國政府便向其派往越南的遠征軍增餉添兵，由法軍總司令孤拔親率一支六千人的軍隊，向駐紮在越南山西的清軍和黑旗軍進攻。中國和法國之間的戰爭正式爆發。

戰爭一開始，局勢便對中國不利。雲南巡撫唐炯竟然擅自撤退，留下黑旗軍獨自作戰。劉永福率領部屬苦戰五天五夜，終於不敵，山西落入法軍手中。法軍隨即進攻北寧。北寧中國駐軍統帥、廣西巡撫徐延旭此刻正在外地休假，前綫將士不戰而潰。北寧又被法軍佔領。法軍乘勝追擊，清軍和黑旗軍節節敗退至諒山、鎮南關一帶，越南北部的紅河三角洲全部被法軍控制。

越戰的失敗，在中國國內引起巨大的反響，其結果是導致清末政治史上一件大事的發生。

光緒十年三月北寧失守後，詹事府左庶子宗室盛昱上了一本，鋒芒直指軍機處，説『疆事敗壞，責有攸歸，請將軍機處交部嚴加議處，責令戴罪立功，以振綱紀』。參劾摺辭氣亢厲：『恭親王等參贊樞機，我皇太后、皇上付之以用人行政之柄，言聽計從，遠者二十餘年，近亦十幾年，乃餉源何以日絀，兵力何以日單，人才何以日乏？既無越南之事，且應重處，況已敗壞於前，而更蒙蔽於後乎？有臣如此，皇太后、皇上不加顯責，何以對祖宗，何以答天下？』

這道摺子遞上去没有幾天，内閣便奉到慈禧太后懿旨：以恭王爲首，包括大學士寶鋆、李鴻藻，尚書景廉、翁同龢在内的軍機處大臣全班撤職，改换以禮王世鐸爲首，包括額勒和布、閻敬銘、張之萬、孫毓汶、許庚身在内的另班人馬。懿旨並特爲强調，遇有重大事件，須會商醇親王辦理。

第六章　觀摩洋技

軍機處全班换人，爲有清一代所罕見。最近一次大换班，乃是咸豐十一年的廢顧命制而行垂簾制。那是一次宫廷政變，非常例。故而此次全班换人，便成爲一樁震動朝野影響政局甚大的事件。這一年歲在甲申，歷史學家們稱之爲甲申易樞。晚清逢甲之年多有大事發生。這之前的甲年爲甲戌，十九歲的同治皇帝去世。這之後的甲年爲甲午，與日本的海戰爆發，北洋水師全軍覆没。再過十年輪到甲辰，實行千餘年被視爲天經地義的科舉考試走到末日，甲辰科會試完畢，中國就從此永遠廢除了科舉。大清朝的最後幾個甲年，全是多事之秋。史學家對這次甲申易樞多有貶詞，有的甚至將它與唐開元二十四年罷張九齡起用李林甫之事相比。然而，這次易樞對於張之洞而言，則是他仕途生涯中的一個福音。

早在前年正月，七十二歲孝服剛除的張之萬，便奉旨進京任兵部尚書。接過堂兄的親筆函後，張之洞知道，當年賢良寺清風閣兄弟密談的大事，其序幕已經拉開。一年後，張之萬改任工部尚書，這次便以工尚身份進入軍機。進京三年來，閻敬銘的仕途也十分得意。他的户部尚書做得有聲有色，經他的調理，國庫這兩年間增加了八百萬兩銀子。慈禧很滿意。她尋思多年的清漪園工程，應當開工了。這次和滿尚書額勒和布一起進軍機，正是慈禧對户部的格外嘉獎。這些年來，閻敬銘没有忘記張之洞在他出山前的多次推舉，以及在山西時的特別禮遇，常和張之洞有書信往來。山西庫款的清理，得到户部的大力支持，清理完畢，又被户部當作成功的例子向各省推介，爲張之洞在官場廣延聲譽。這班軍機名義上是禮親王世鐸領銜，但明眼人都知道，真正的首領是醇王而不是他。這位努爾哈赤第二子禮王代善的後裔，其爲人别無所長，惟有謙恭之道，人皆不及。就連李蓮英向他行禮，他也以平等之禮回答。以親王之尊，向太監行平禮，爲從來所没有。他做了軍機處的領班大臣後，大家纔明

白，他正是以籠絡李蓮英而討得慈禧的歡心，也正是以謙恭之道而贏得醇王的信任。

稍懂背景的人都知道，工部左侍郎孫毓汶曾做過醇王府的西席，刑部右侍郎許庚身則是醇王府棋枰上的常客。這個由慈禧和醇王密商圈定的，名義上由禮王牽頭的軍機處，其實完全是太平湖潛邸的班底。中國晚清新一輪叔嫂聯手掌權的時代開始了。

當京師上下爲這次大換班議論紛紛，甚至肇事者盛昱也深爲震駭急忙上疏收回原摺的時候，太原城的主人却對此並不大感意外，衹是他沒有料到，醇王的事情竟然進展得如此順利快速。他更沒有料到新軍機處作出的第一號決定，就是罷免張樹聲的兩廣總督，將眼下衆目睽睽的粵督一職交給他！

當新軍機處的名單公佈之初，張之洞興奮難捺，額手稱慶。他既爲子青老哥白髮重用而欣慰，更爲在朝廷中樞中有自己的兄長和關係親密者在而歡喜。那年清漪園晉謁醇王的情景又浮現在眼前。這些年來，醇王對自己的恩德深厚無比。他清楚地意識到，一輪紅日正面對着自己冉冉升起，眼前的仕途將會因此而更加明亮光輝。然而，遷升來得如此之快，朝廷所託是如此之重，却爲他始料所不及。

總督一職僅衹八個，分別爲管轄直隸省的直隸總督，管轄江蘇、安徽、江西三省的兩江總督，管轄廣東、廣西兩省的兩廣總督，管轄湖北、湖南兩省的湖廣總督，管轄福建、浙江的閩浙總督，管轄四川省的四川總督，管轄陝西、甘肅兩省的陝甘總督，管轄雲南、貴州兩省的雲貴總督。

直隸總督由於所轄地處京畿，形勢重要，向爲總督之首。兩江總督所轄面積廣大物產富饒，其地位僅次於直督。陝甘、雲南因地方偏遠且貧瘠，在總督中列爲末等。過去兩廣、兩湖、四川三地的總督地位大致相當，近年來因洋人的關係，兩廣總督的地位明顯超過湖廣和四川。張之洞以一個資歷淺薄的晉撫一躍而爲粵督，此中機奧，他心裏甚是明白。他不能辜負太后和醇王的重託，也不能辜負堂

兄和丹老的期待。

但是，此番南下粵海，却非比一般。前綫喪師敗績，戰火越燒越烈，縱觀中國與洋人交戰史，從來沒有過取勝的記載。此時的粵督，不是太平疆吏，而是督師將帥，往日的那些用兵計略，說到底不過是紙上談兵而已，現在即將由自己來調兵遣將，與洋人決戰於血肉橫飛的沙場，從未厠身行伍的一介書生能辦得了嗎？面對着這次遷升，張之洞不免湧出幾分臨深履薄之感來。然而，這種畏怯之態很快便過去了。

他從來自信極強自許甚高，敢於任事，不憚風險。此時的粵督固然難做，但此時的粵督做好了，它的光彩却也不是前任所能比的。

擢升來到太快，他得把山西的事情料理好，爲三晉父老留下去後之思。

眼下的第一件大事，是要將李提摩太主動承擔的海路運鐵之事落實。因李提摩太，張之洞又想起山西教案。是的，必須儘早設置一個教案局，以便有專人負責處理民教糾紛。日後凡遇民教衝突，即令教堂致函教案局，由該局全權處理。

還有兩樁關係到山西長治久安的大事，已議論多時了，也應在離晉前作出規定來。一是實行保甲制度，在原有村社組織的基礎上，將此制度完善，以此來對付强盜匪徒，協助官府保境安民。二是晉北的七廳改制。山西北部歷來設置有管理蒙民交涉事務的七個廳，這七廳分別隸屬於雁平道和歸綏道。這一帶，蒙回雜處，情況較爲複雜，近年來又因洋人的插手，更爲難治。這七廳原先都是滿蒙官員治理，諸務混亂。張之洞已向朝廷建議，七廳官員應滿漢通用，並擬施行編立户籍，清理田賦，設立學校，變通驛路，添設公費，募練捕兵，使之與內地各州縣無異。此事應再上一道摺子，請求朝廷

作出明示，以便接任者奉旨實行。

許多事都在他的考慮之中。猛然，他想起了一件大事。此事是在離開山西前非辦不可的。

來到太原不久，張之洞便去視察三晉的最大書院晉陽書院。他跟士子們約定每半年來書院一次，或給士子們授課釋疑，或與士子們共商省情。前年，他守約春秋各去了一次。去年清明時分，他也抽空去了一次。但從那以後到現在將近一年了，因爲忙於庶務，一直未去。即將離晉南下了，學臺出身的張之洞深以失信於士子而不安，他要再去一次晉陽書院，藉以彌補自己的失約。

晉陽書院的師生都知道張之洞已擢升兩廣總督，不日將離開山西，山長石立人和新任總教習楊深秀與士子首領們早就談論過，應該到巡撫衙門去一趟，爲撫臺大人送行。石老先生在晉陽書院做了二十多年的山長，經歷過七八位巡撫。巡撫們到書院走走看看，大多是做做樣子而已，從來没有哪個巡撫正經八百地給士子們上過課。一輩子精研學問的老山長也知道，像曾國荃那樣的巡撫，要他上課也是件挺爲難的事。他自己連個舉人都没考上，又怎麽好意思給這些大多已有舉人功名的士子上課呢？其他幾位巡撫，也不乏有進士出身的，但他們原本就是把『四書』『五經』當作敲門磚，功名之門一旦打開，那塊磚便棄之不顧了；何況中進士到做巡撫之間，還有一段很長的道路要走，這條道路上的獲勝者靠的不是學問，而是另一番功夫。待到爬上巡撫高位時，過去的子曰詩云之類早已忘記得差不多了，何能再面對這些飽學士子大談學問呢？

衹有張之洞不同，他來書院雖衹講過三個半天的課，却讓所有聽課的士子佩服得五體投地，就連博學而清高的石山長也自愧不如。對於這樣的撫臺，年過古稀再無慾求的老學究的尊敬是發自內心的。

當下，石山長和楊總教習，將張之洞一行迎進書院。在山長的學思齋裏坐下後，張之洞也不多寒暄，開門見山地說：『這一年來忙於雜務，一直未來書院，向士子們許下的諾言没有兑現，心裏總不安。再過幾天就要去廣東了，今天到書院來，一是看看各位，二是再跟士子們講一課，算是彌補去年的所欠。』

石山長激動地說：『大人榮升，本應老朽帶領書院教習和士子們去衙門祝賀。不想大人如此繁忙之際，還惦記着書院和去年下半年缺的那堂課，親來書院。老朽和書院全體師生深謝大人這番情誼。』

張之洞說：『就請老先生傳令下去，叫所有的士子都來吧！』

石山長轉過臉對楊深秀說：『漪邨，把大家叫到風雨軒去，都和張大人道一聲别吧！』

風雨軒是一個開敞的集會之處，書院逢有大事，則全體聚集於此。聽說張撫臺要給大家上最後一課，所有的人都來了，一百多個教習和士子濟濟一堂。

張之洞坐在平素石山長坐的太師椅上，將全體師生掃了一眼，見大家都全神貫注地望着他，等他開口。他清了清喉嚨說：『鄙人承乏晉省近三年，給諸位授了三堂課：一次講德行的修煉，一次講學問的積纍，一次講文章的寫作，也不知對諸位的求學有所裨益否。近日奉旨，將總督兩廣，不日就要離開晉省，今天特地來書院看望各位，想再給諸位授一次課。今日這堂課，想聽聽諸位的意見，要鄙人講點什麽，大家說吧！』

在座的士子你望着我，我望着你，都不知道要撫臺大人說點什麽好，有的在互相小聲商量着，風雨軒裏開始熱鬧起來。楊深秀見此情景，估計一時難得有統一的意見，不如自作主張算了。他素來喜詩，也讀過不少張之洞的詩篇，便在一旁說：『晉陽書院裏的士子，大多讀過大人的詩，很喜歡大人

的詩作。我看今天就請大人給我們談談詩吧。不知大人意下如何？』

張之洞喜歡寫詩，也自負於詩。過去做翰林，做學官，都有充裕的時間吟詩，來山西這幾年，政務太繁，衝淡了吟詩的雅興。今日能給士子們談點詩，倒也是一個輕鬆而有趣的課題。他自己的詩作，至今並未刻集刷印，先前在京師清流同人中，每有所作，大家互相傳鈔，張之洞的詩才常被稱讚，傳出圈外的詩作不少，故京師士人亦多有能誦讀其詩的，至於太原士子也在讀他的詩，他却没料到。張之洞饒有興致地對着大家說：『剛纔楊總教習説晉陽書院也有人讀過我的詩。我現在問你們，有誰能當着我的面背誦我的詩嗎？』

衆士子都很興奮。許多人都讀過撫臺的詩，有的人怕背不全，有背得全的又没這個勇氣。正在互相慫恿的時候，有一個士子勇敢地站了起來，說：『張大人，我背一首。若背錯了，請您寬諒我。』

張之洞含笑說：『好，你背吧！』

那士子定了定神，高聲背起來：

『一嶺如龍九曲回，江東霸主起高臺。
羞從洛下單車去，親見樊山廣宴開。
水陸上游成割據，君臣投分少疑猜。
張昭乞食無長策，豚犬悠悠等可哀。

這是大人詠懷湖北古跡九首中的第四首《吳王臺》。不知背錯了没有？』

這首詩，張之洞自認寫得不錯，這個士子背得如此流暢，可見此詩在書院裏廣泛流傳，看來晉陽士子們賞詩的眼力不差。他很高興，說：『背得好，誰還能再背一首，我就答應楊總教習的請求，今

天專談詩。』

士子們天天讀『四書』『五經』，日日伏案代聖人立言，真個是神昏氣墜，味同嚼蠟，平時也祇有靠讀點唐詩宋詞來調節下。今天撫臺不講那些枯燥無味的經典，專講可作下酒菜的詩歌，豈不太愜人心懷！衆士子很快推出一位素日記誦能力强的人。他擦了擦額頭上冒出的絲絲汗津，略有點膽怯地說：『大人，晚生也背一首，若有背錯的地方，大人儘管責備晚生一人好了，千萬莫因晚生的背錯而不講詩歌。』

張之洞覺得此生憨實得有趣，便說：『你背吧，背錯了不要緊，我給你糾正。』

那士子又擦了一把汗，揉了揉太陽穴，努力讓自己安定下來。風雨軒裏鴉雀無聲，一會兒，大家聽到了誦詩聲：

嘯臺低，吹臺高，
臺上瓦礫生黃蒿。
登臺弔古逢吾曹，
故人誰歟今邊韶。
大梁本是霸王地，
至今白沙三丈没城壕。
五季如風青城虜，
惟有信陵死不腐。
中原蕩蕩不自立，

金戈蹂踐徒辛苦。
當年汴水入泗流，
清明上河尚可遊。
南下朱仙四十里，
大車轔轔，小車轆轆，
徹夜何時休？
一自河決汴流斷，
中州貧索來寇亂。
錦衣甘食皆河兵，
哪有健兒習征戰？
君來蔡州營，
我去宋州城。
宋蔡相望列三帥，
千群邊馬仍橫行。
爾我少年容易老，
王粲從軍歡情少。
飲我酒，爲君歌，
金梁水月吹酒波。

第六章　觀摩洋技

試看戰骨白，
豈惜朱顏酡。
報關俠士不可見，
祇有憲王樂府堪吟哦。

很長一會不見再有誦詩聲發出，衆士子知道背完了。當着這位顯赫詩人的面，一口氣背下這首長篇歌行，不錯不漏，不停不頓，大家为這位士子的記憶力和膽氣所傾倒，風雨軒裏響起一陣鼓掌聲。

張之洞也不由得擊節讚嘆：『好，這樣長的一首詩，難得你一氣背完。這首詩作於同治元年。我當時春闈未捷，來到河南堂兄幕中。那時幕中有一個叫邊韶的人和我意氣相投，我於是寫了這首詩送給他。爾我少年容易老。不知不覺間二十多年過去了，現在真的老了。當時和你們差不多大，正是目空一切好說大話的年歲。這位朋友能背得這麽流利，看來是喜歡這首詩。李賀說「少年心事當拏雲」，年輕人有點目空一切好説大話，也不是太壞的毛病。諸位是我的知己，我今天就非得說點詩不可了！』

撫臺原來是這樣的熱血熱腸可親可愛，在楊深秀的帶動下，風雨軒內外響起了經久不息的掌聲。

『論中國的詩，自然首推唐詩。唐詩之後，宋詩別是一路，也是高峰。國朝初期，有個詩壇泰斗，乃大名鼎鼎的王漁洋，他論詩高標神韵。這神韵之說，便是爲唐詩定的調子。乾隆時期，又出了個詩壇泰斗，乃長壽老人翁方綱，他論詩標出一個肌理。這肌理主要來源於他對宋詩的領悟。近世作詩崇尚宋人，便是受翁氏的影響。』

衆人都被帶進了詩的天國。此刻晉陽書院的風雨軒，如同九天玄宮海外洞府，祇見珠玉飛濺花香

飄溢，沒有半點塵世的囂雜，凡俗的瑣屑。

『鄙人論唐詩不同於王漁洋，獨標一個風字；論宋詩有別於翁方綱，特重一個骨字。』

年輕士子最不喜歡的就是因舊襲故，最有興趣的就是標新立異，尤其是學問上的新奇之說，更是對他們吸引力最大。撫臺自家獨得之學說，立即振奮了他們的精神。

『若把風字説得具體點，便是風流。諸位，這風流二字，可不是時下所謂的吟風弄月，拈花惹草，秦樓楚館，作狎邪遊等意思。』

撫臺這幾句風趣的話，引起了年輕士子們的會心之笑。

『唐人眼中的風流，包含的內容異常豐富，囊括人品人性、德行才華方面諸多美好資質。比如張九齡的「雄圖不足問，惟想更風流」。這裏的風流，便是指的才華縱橫，文采斐然，不拘常禮，通脱曠達。再如李白的《贈孟浩然》：「吾愛孟夫子，風流天下聞。」這裏的風流，就是指的超凡脱俗的風度人品和卓爾不群的文采才情。這種風流，不但使李白傾心，也讓當時普天下的唐人艷羨。所以杜甫詠宋玉，就説「搖落深知宋玉悲，風流儒雅亦吾師」。宋玉的風流，就連詩聖杜老夫子都想師事於他。』

風雨軒裏又是一片歡快的笑聲。

『至於司空表聖所説的「不著一字，盡得風流」，這風流便象徵着一種詩文的最高氣象。這種氣象含蓄蘊藉，韻味無窮，而又不可以跡尋之，正是羚羊掛角，渾然無跡。可謂風流二字的最大內涵了。所以鄙人認爲，論唐詩，切不可忽視唐詩的風流。』

撫臺對唐詩研究的真學問，使士子們由衷嘆服，他們不停地點頭，報之以完全的贊同。

『若説宋詩，則突出表現在一個骨字上，具體地説，這骨便是筋骨。筋骨是個比喻，説得明白點便是義理。宋詩最重的便是這二字。我們讀宋詩，切記不可忽視了這一點。』

衆士子個個聽得全神貫注。

『宋詩在這方面取得的成就最高，所以有的詩便成了格言哲理傳了下來。比如大家所熟知的《讀書有感》：「半畝方塘一鑒開，天光雲影共徘徊。問渠那得清如許，謂有源頭活水來。」朱夫子的這首詩是宋詩的代表。有源源不斷的活水灌注，小小的池塘纔得以清亮如鏡。這是一個極爲恰當的比喻。士人們要勤奮學習，要博覽群書，纔能不斷地有新知湧進胸臆，纔能如同這一池清水般的令人可愛。』

如同當時大多數讀書人一樣，石立人山長也是一個寫宋詩的學究，他對巡撫的這番話很能聽得進。

『至於王安石説「不爲浮雲遮望眼，衹緣身在最高層」，蘇東坡説「不識廬山真面目，衹緣身在此山中」，這些蘊含在詩中的義理，則千百年來無數次地被人們所引用，去説明許多長篇大論未必能説清的道理。這就是宋詩的成就。歷代都説唐詩高於宋詩，其實也不盡然，宋詩中的義理深度便不是唐詩所能達到的。應當説，唐詩宋詩是雙峰並峙，都是無可替代的瑰寶。』

楊深秀情不自禁地鼓起掌來，隨即，全體士子都熱烈鼓掌。晉陽書院再次響起雷鳴般的掌聲。

掌聲剛剛平息，一個出身官宦家庭的膽大士子站起來説：『請問張撫臺，您的詩是屬於唐風一類，還是屬於宋骨一類？』

這個問題提得近於唐突，老山長頗爲不悦地瞟了那士子一眼，心裏説，怎麼能這樣問撫臺？大多數士子卻很讚賞發問者的膽量，他們也想聽聽撫臺對自己詩風的評論。

張之洞不以爲意，莞爾一笑，説：『明代和國朝初期，士子都學唐詩。國朝乾嘉之後，士人都學宋詩。學唐詩，若不得風流之精髓，則易入輕浮淺薄一路。學宋詩，若不得筋骨之要領，則易入生硬

説教一路。故而無論學唐學宋，都要取法乎上。這是第一義。還有第二義，即我剛纔説的，唐宋既然是雙峰並峙，故不應偏於一方，應該都學，而且要盡取其長，力避其短。鄙人便有志於此，作詩盡可能有唐人之風，亦有宋人之骨。唐風宋骨纔是鄙人所追求的最高目標。因此，鄙人的詩，説得好聽點，就是既有唐風，又有宋骨；説得難聽一點，便是既無唐風，又無宋骨。』

説着，自己先哈哈大笑起來，大家也都跟着笑了。

撫臺不擺架子，願意坦率地回答普通士子的提問，鼓舞了大家的膽氣。這時，又有一個士子站起來問：『請問大人，您最喜愛的前代詩人是哪一個？』

『蘇東坡。』

提問者話音剛落，張之洞便脱口回答，頗令士子們感到意外。

『我喜歡他的詩詞中兼備唐人之風流和宋人之筋骨。他爲惠崇畫的春江晚景所題的詩，堪稱集唐風宋骨於一爐的典型。四句詩，三句寫景，風光綺麗，風物活脱，得唐風之精髓。一句「春江水暖鴨先知」，説出了天地間一個深刻的道理，然而又是如此的天衣無縫，不着痕跡，决没有半點説教味，令人不能不佩服。』

衆士子中有人已在咀嚼『春江水暖鴨先知』這句名詩了，越咀嚼越覺得其中回味無窮。

『蘇東坡令我喜愛之處，還有他曠達的人生情懷。』張之洞繼續他的蘇軾論，『他才華蓋世，人品正直，却一生坎坷，命運多舛，但他却從來都以曠達通脱的態度對待那些挫折，始終摯愛生命，熱愛人世。「蓋將自其變者而觀之，則天地曾不能以一瞬；自其不變者而觀之，則物與我皆無盡也。」諸位，你們看東坡先生這種胸襟是多麽的曠達樂觀！諸位現在還年輕，尚未涉世事，今後走出晉陽書

院，步入天地江湖之間，或順利，或乖逆，都難以預料。然而憑什麽來面對世事之逆順呢？就要憑東坡先生這種曠達之胸襟，順也喜樂，逆也喜樂，此爲處世之道，亦爲養生之方。這就是鄙人今天送給諸位最重要的一句話，願長記不忘。』

這次是石山長帶頭鼓掌。三晉大地上的最高學府，又一次響起迴蕩四壁的掌聲！

四　人生難得最是情

先前三次講課，張之洞從不在書院喫飯。一來是鑒於山西官場喫喝風氣太甚，他多次下令各級官員出巡必須從儉，不得鋪排張揚，他自己應帶頭執行。二來他知道書院不比衙門，特別清貧，儻若在這裏喫飯，會給他們增加負擔。這次不同，以晉撫身份給士子授課，應該説是最後一次了，石山長很想撫臺今天能賞光，與大家共進一頓午餐。他悄悄把楊鋭叫到一邊，將這個意思説明，請楊鋭問問巡撫。當楊鋭把山長的話轉告張之洞後，他竟然爽快地答應了：『今天破個例，就在這裏喫午飯，但衹能三個菜一個湯，多一個都不行。』説完後，又特爲補充一句：『請山長叫幾個士子來與我們同桌喫。』

石立人得知撫臺同意在這裏喫午飯，很是高興，便一面吩咐厨房趕緊張羅，又打發一個教習去士子中挑幾個人作陪。

没有多久，一切都已就緒，石立人領着張之洞走進學思齋。這裏已將兩張方桌併成一條長桌。石立人陪着張之洞坐在正前方兩個主位上，張之洞的下首坐着楊鋭，石立人的下首坐着楊深秀，剩下的八個座位，坐的是士子中臨時推選出來的代表。他們或是士子中的首領，或是公認的品學兼優的才

子，或是有權有錢人家的子弟，總之，都是晉陽書院士子堆裏的頭面人物。今天，他們能有幸跟榮升粵督的撫臺同桌共餐，既興奮又很覺光彩。

桌上擺的不多不少，恰是三菜一湯，衹是因爲是兩張桌子併成，菜是一式兩份，分開擺。書院清貧，又是臨時的動議，故三菜一湯甚是普通：一碗油燜牛肉，一碗爆炒羊肉，一碗小葱豆腐，一碗粉條青菜湯。怕不够喫，都用頭號大碗裝着。

石立人以主人的身份舉起盃子來，對張之洞説：『今天，張大人肯賞臉在書院用餐，又邀請士子代表共席，這是我晉陽書院的榮耀。倉促之間没有佳肴，且大人又嚴格規定衹能三菜一湯，今天這頓飯菜實在簡陋之至。現在老朽請各位一同舉盃，爲張大人三年來爲山西的操勞，爲張大人的榮升，也爲張大人此去廣東的一路平安，乾盃！』

説罷起身，楊深秀和衆士子都一齊站起，張之洞也忙站起，舉着盃子説：『謝謝老山長和諸位的美意，我和大家一起乾了這一盃。』

説完一飲而盡。待大家都喝完酒後，老山長恭請撫臺坐下，衆士子也重新坐好。

楊深秀笑着對張之洞説：『剛纔山長衹説到菜，没有説到酒。今天這幾道菜確實平常，但這酒可不平常。』

張之洞説：『這酒有何不平常之處，還請漪邨説明。』

『這壇酒是一個士子的父親送給老山長的。』楊深秀指了指放在旁邊的深褐色的大肚酒罎，説，『五年前，這個士子中了進士。士子的父親是個票號老闆。這個士子，起先貪玩不好讀書，父親很擔憂。老山長説，到晉陽書院來吧，我可以將他造就成個人才。就這樣，這個士子來到了書院，一年後即進學，三年後中舉，再過三年就中了進士。他父親感激不已，給老山長送了一塊題有「晉學春暉」四字的金匾，又特地在杏花村酒鋪花了一百兩銀子，買了這罎百年老酒相贈。』

第六章 觀摩洋技

張之洞喫了一驚，説：『剛纔喝的竟然是百年老酒，我一口乾了，還没有品出個味來。』

楊深秀忙起身，給張之洞的空酒盃再斟滿，説：『我怕大人您没在意，故特意提起。現在我們慢慢喝，細細品品它的味。』

張之洞端起酒盃，淺淺地抿了一口，半眯着眼睛認真地品着。他青年時代耽於酒，中年後纔有意少飲。品酒，他也可算得一個內行。這口酒，氣色香馥，味道醇厚，的確是一罎年代久遠的老窖。張之洞笑道：『好酒，好酒，今天我要開懷暢飲幾盃！』

大家聽撫臺這麼説，都快樂地笑了起來。

石山長微笑着説：『老朽年輕時也極愛這盃中物。花甲之年後遵醫囑，少飲酒，多喝茶，故而酒喝得很少了。老朽平生不愛熱鬧，不喜交往，既無特別尊貴的客人，也無特別舉辦的宴席，這罎酒便一直擺了五年未動。今天用來招待爲山西百姓操勞三年的張大人，也算是物盡其用，給這罎酒添了極大的臉面。』

老山長的話引起衆位士子的會心一笑。

張之洞説：『剛纔漪邨説那個士子還送了一塊金匾給您，爲何不張掛出來，也好給書院增添光彩。』

山長淺淺一笑：『這金匾上的字題得太重了。「晉學春暉」，老朽如何擔當得起！若不自量而張掛，定會招致鬼怒神怨，折了老朽的草料。老朽一生雖然平平淡淡，其實對人生還是眷戀極深的，生怕過早離開這花花世界。』

第六章　購買　旅技

衆士子又都笑起來。張之洞也笑了，心想：這個滿腹詩書，見生人頗有三分靦腆的山長，却原來還是個很有風趣的老頭子。他是個富有真性情的人，很自然地對有趣味者感到親切，於是説：『你主持晉陽書院數十年，桃李滿天下，「晉學春暉」四字，我看是擔當得起的。這是您的一塊招牌，有了它，神鬼不會認錯。萬一哪天閻王爺遣小鬼勾别人的魂，走錯了，誤進您家的門，反倒不好。』

山長摸着滿口白鬍子，樂呵呵的，衆士子也很快活。撫臺的平易和他對山長的尊崇，更使士子們對這位名士出身的顯宦增添了敬意。

張之洞起身，舉起酒盃説：『今天，我借花獻佛，請各位和我一起，祝我們的晉學春暉健康長壽，爲我們三晉造就出更多的人才！』

『不敢，不敢！』老山長慌忙起身，對着張之洞連連擺手，『這盃酒老朽不敢喝！』

『我先喝爲敬。』張之洞把盃中的酒一飲而盡，滿桌人都一飲而盡。老山長無奈，衹得把盃中的酒喝了。

重新坐下後，老山長親自爲張之洞挾了一塊牛肉，楊深秀也向楊鋭勸菜。

酒好，菜好，氣氛也好，張之洞心裏很是高興，他笑着對衆人説：『我在山西做了將近三年的巡撫，可能大家都不知道，我是回到了故鄉。三晉百姓是我真正的父老鄉親。』

除了剛到太原時與葆庚説起過『洪洞人』的話外，張之洞再也没有對别人提過自己的祖籍在山西，官場士林都衹知道撫臺是生長在貴州的直隸南皮人。

見衆人滿臉疑惑，張之洞開心地説：『大家都不知道吧，我們南皮張家是明永樂年間遷到直隸的。「要問故鄉在何處，洪洞縣外大槐樹」這句童謡，在我們張家也世世代代流傳着，傳到我這一代已經是第十四代了。』

『這麽説來，張大人真的是我們山西人了！』士子們興奮地交頭接耳。

石山長摸着鬍鬚慢慢地説：『明洪武、永樂兩朝，山西頻遭旱災，逼得百姓背井離鄉，外出謀生。洪洞縣土地少，人口稠密，加上災情更重，故外出的人更多。當年縣城東門外有一棵老槐樹，樹幹粗得四五個人不能合抱，夏日裏樹蔭足有一畝多地大。這棵槐樹是洪洞縣的標誌。於是，離開洪洞縣的人，都在城門外這棵老槐樹下舉行一個告别儀式，對着它叩頭灑淚，就算是向祖宗世代居住之地告别了。剛纔張大人説的這句童謡，我在洪洞縣誌裏見過。』

張之洞對山長説：『去年我去洪洞縣，還特地去看了這株老槐樹，它仍然枝繁葉茂，不知這株老槐樹是不是明代的那株。』

老山長説：『洪洞縣誌上説洪武、永樂年間的那棵老槐樹在正統八年老死了。過了幾年，從根部又長出一棵小槐樹來。這是老槐樹的第二代。這棵槐樹也長得很大，活了兩百來年，順治二年被雷劈死。第二年，根部同樣又長出一棵槐樹來。大人看到的就是這一棵，它已是第三代了。從順治三年算起，到現在有二百四十年，也算得上一棵高齡老樹了，據説衹是比不上當年那棵老槐樹的粗大。』

『唔，唔。』張之洞連連點頭。

一直没有開口的楊鋭插言：『看來，山西是從明朝時纔開始變窮的。過去讀唐詩，山西在我的印象中是一個很美好的地方。比如斗酒學士王績的詩：「樹樹皆秋色，山山惟落暉。牧人驅犢返，獵馬帶禽歸。」一幅多好的田園風光圖。』

張之洞感慨地説：『叔嶠説得不錯。《全唐詩》中我們山西籍的詩人很多，詩也寫得極有氣魄，應該説山西這方水土是很能養育人的。大家都知道旗亭畫壁的故事。故事中三個詩人：王之涣，王昌

齡，高適，其中兩個便是我們山西人。王之渙的「欲窮千里目，更上一層樓」，王昌齡的「秦時明月漢時關，萬里長征人未還」，真是千古絕唱，後世很少有人把詩做得這樣雄健豪邁的！』

聽了這段話後，楊深秀突然來了靈感：『剛纔張大人說到我們山西人的詩，我有了一個主意。今天在座的除叔嶠外，包括張大人在內，都是我們山西的才俊。今天爲張大人榮升餞行，大家在一起飲酒談詩，是一件難得的事。我提議，我們每一個在座的，除老山長外，都依剛纔張大人所說的掌故，講一個山西詩人的故事，然後再背一首這個詩人的代表作。講得好，我們爲他鼓掌，大家同飲一盃酒；講不出的，罰他三盃冷水。』

楊銳不在其間，自然高興，忙附和：『總教習這個主意極好，山長這麼好的百年老酒，是要有這樣的詩情纔能和諧的，這比酒令要强多了。』

衆士子既興致甚高，又有點擔心怕說不出來，臉上都紅撲撲的，眼中閃爍着光彩。

張之洞懂得年輕士子的心態，知道他們都有好表現的慾望，便說：『大家都說一個，最後我來評論，取第一的我有獎賞。』

見撫臺興致如此高，山長和總教習都格外高興。楊深秀說：『議是我提的，我理應第一個說。』

大家都專心致志聽他的。

『我講一個宋之問遇駱賓王的故事。』

駱賓王就是那個爲李敬業起草討武則天檄的人。這篇文章把武則天罵得狗血淋頭，却又讓武則天稱讚不已。其文之好，其才之高，可想而知。傳說討武之舉失敗後，駱賓王便不知去向了。宋之問怎麼會遇到他呢？這事可真的奇了！

『宋之問是初唐的名詩人，他是我們山西汾州人，因觸犯權貴而貶官江南。有一天，他遊杭州靈隱寺，夜晚就宿在寺裏。當夜月明如畫，四周山色極佳，引發了他的詩興，脱口而出兩句詩：「鷲嶺鬱岧嶢，龍宮隱寂寥。」吟完這兩句，下面便接不上來了。他在靈隱寺庭院裏獨自徘徊，苦苦思索，就是得不到更好的續詩。這時，有個老和尚提着一盞油燈過來，準備進大殿點長明燈。見宋之問老是吟着那兩句詩，知道他是做不下去了，便走到他身邊說，我幫你接下去吧！宋之問目光懷疑地盯着老和尚：你也會做詩？老和尚說，試試看吧！他對着油燈凝思片刻，說，你看這兩句如何：「樓觀滄海日，門對浙江潮。」宋之問聽了大驚：這兩句詩既切合靈隱寺的實景，又氣勢開闊宏大，比自己的那兩句强多了。經老和尚的提示，宋之問很順利地做成一首咏靈隱寺的好詩。第二天，他再去找點長明燈的老和尚，却找不到了。住持告訴他，昨夜的那個老和尚就是駱賓王，他一早就離開靈隱寺了。宋之問驚訝不已，心裏默默感激駱賓王的慷慨相贈。』

士子們平日讀的都是八股文，做的詩也衹是闈場所用的試帖詩，其他的書讀得很少。這則載於孟棨《本事詩》中的故事，他們没見過，於是都鼓掌叫好。

張之洞自然是知道這個掌故的。但今天這個場合，由楊深秀說出來，也是一個有趣的故事，遂也跟着鼓掌。

楊銳說：『這個故事好聽。按你自己說的，還得朗誦一首宋之問的詩。』

『行。』楊深秀想了一會兒，背道：『嶺外音書斷，經冬復歷春。近鄉情更怯，不敢問來人。』

張之洞點頭說：『這是宋之問最好的一首詩。他道出人在某種特殊情况下所特有的一種複雜心情。我們大家爲漪邨的好故事同飲一盃酒！』

第六章　购买行为

十幾隻盃子都高高舉起，然後均一飲而盡。

『下面該你們了，誰先說？』楊深秀望着那幾個士子們的代表說。

小夥子們互相推讓一番後，一個素日喜歡抛頭露面的士子頭領，被推爲第一個講。此人名叫呂臨，胸有大志，能說會道。

他站起身來，大大方方地說：『我給張大人、石山長和各位講個故事，說的是唐代我們太原的一位名人王播的往事。王播小時隨父遷居江蘇揚州。不久父親去世，家道中落，生活日漸貧困，衹得寄居在揚州惠照寺苦讀詩書。每天早晚鐘聲響時，他隨寺裏的和尚一道趕齋飯。日子一久，和尚們都討厭他，於是改爲先喫飯後鳴鐘，待王播聽到鐘聲去趕飯時，和尚們都已把飯喫光了。王播知和尚們嫌他，但他沒有地方去，也沒有錢去買飯喫，衹得忍受這個屈辱，每天到喫飯的時候，他不待鐘聲響便先去齋堂。』

這時有位士子忍不住發出小聲竊笑。坐在他身邊的同伴見撫臺正斂容凝神聽着，便用手臂推了一下竊笑者，那士子趕緊閉了嘴巴。

『王播就這樣硬着頭皮在惠照寺住了一年半，果然高中了。二十年後，王播以檢校尚書右僕射的身份出任淮南節度使，駐節揚州。想起當年落魄惠照寺，他起了舊地重遊的念頭。寺裏有健在的老僧人，聽說節度使就是先前那位趕齋飯的窮書生，甚是慚愧，便趕忙把王播原先題在寺院牆壁上的詩，用碧紗罩起來，以示尊重。王播來到惠照寺，見到牆上的題詩，今昔對比，引起他的無限感慨，便拿起筆來，又在牆壁上題了兩首詩。一首是：「二十年前此院遊，木蘭花發院新修。如今再到經行處，樹老無花僧白頭。」另一首是：「上堂已了各西東，慚愧闍梨飯後鐘。二十年來塵撲面，如今始得碧

紗籠。」陪同王播的官員們知道節度使有這樣一段潦倒經歷，都感慨不已。』

張之洞說：『王播少時窮不墜志、發憤苦讀的經歷，的確很感動人，家境貧苦的士子都應以王播爲榜樣。衹是王播發跡後，爲官不大清廉，對老百姓搜括過多。這一點，諸位今後切記不能學他。』

石山長立即强調：『剛才張大人這幾句話說得好極了。我們要學習王播少時忍辱負重，又要力戒他做大官後的不知恤民。過幾天，我還要專門將張大人這幾句話對全院士子說說。』

楊鋭又充當起監令人的角色來：『按規矩，你還得背誦王播的一首詩。』

呂臨說：『我剛纔已背了兩首王播的詩了，還不算數嗎？』

『不算，不算！』楊鋭一個勁地搖頭。

呂臨摸着頭皮想了很久，終於想出一首，遂大聲背道：『昔年獻賦去江湄，今日行春到却悲。三徑僅存新竹樹，四鄰惟見舊孫兒。壁間潛認偷光處，川上寧忘結網時。更見橋邊記名姓，始知題柱免人嗤。』

楊鋭冷笑道：『又是一首「如今始得碧紗籠」，可見王播是念念不忘少年時的窮苦，也未免胸襟窄了一點。』

衆士子都附和着笑了起來。

張之洞舉盃說：『故事說得好，詩也背得流暢，我們與他共飲一盃。』

笑聲又起，滿桌歡快。

楊深秀說：『呂臨說的這個故事，我們今後還要多講。誰再講一個，争取超過他！』

這時，一個名叫段暢年的士子被推了出來。段家是太原城裏的富商，他書唸得不太出色，爲人却

仗義疏財，人緣好。他憑着這點而有幸被推爲代表，與撫臺共餐。

他站起來說：『我爲張大人說一段韓滉歸妓的故事。』

『歸妓』二字引發了年輕士子們的極大情趣，便都放下筷子，洗耳恭聽這個與妓女相連的風流故事。

段暢年摸了摸圓滾滾的下巴，不緊不慢地說：『從前韓滉鎮守浙西的時候，名詩人戎昱是他轄區內的虔州刺史。虔州有個色藝俱佳的酒妓，戎昱與她情誼敦密。浙江的樂營將官聞這位酒妓的名，報告韓滉。韓滉遂下令將她召到樂營來。戎昱捨不得酒妓走，但又留不住，便設宴爲她餞行。酒席上，戎昱寫了一首歌詞給酒妓。歌詞是這樣寫的：「好去春風湖上亭，柳條藤蔓繫離情。黄鶯久住渾相識，欲別頻啼四五聲。」又對酒妓說，你到韓大人那裏後，就唱這支曲子。到了韓滉處，在一次酒宴上，酒妓果然唱了這支曲子。韓滉問她：戎使君愛戀你？她說是的。又問你想念他嗎？她又答了聲是的，說着便流下了眼淚。韓滉一聽臉色沈下來了，對酒妓說：你下去換衣服，等着我處置你。席上陪酒的人見韓大人生氣，都爲酒妓捏一把汗。韓滉將樂營將官喚來，嚴厲地對他說：戎使君乃浙西名士，他對這個酒妓有情意，你爲什麽不查明便將她調來樂營，這不成了我的過失嗎。樂營將官嚇得忙叩頭請罪。韓滉命打二十軍棍，又命送酒妓一百匹細絹，派人護送她回虔州。』

楊銳樂道：『過去衹知韓滉是唐代的大畫家，他畫的《五牛圖》，把牛的形態畫絶了，却不知他還是個知情知趣成人之美的君子。這個戎昱真正是交了好運，遇到一個好上司。』

楊深秀皺着眉頭問段暢年：『韓滉是山西人嗎？我記得他好像是長安人。』

段暢年笑着說：『他的祖籍在哪裏我不知道，但他封晉國公這是確實的。做了我們山西的國公爺，說他是個山西人也不算太離譜。張大人，您說呢？』

第六章 觀摩洋技

張之洞笑道：『封了晉國公就算山西人，那顏真卿封了魯國公，不就成了山東人啦？』

衆士子皆大笑起來。有人喊：『韓滉不是山西人，犯了規，要罰冷水三盃！』

張之洞笑着說：『罰是要罰，但他這個故事說得好。諸位日後做了高官，都要像韓滉那樣體恤下情，千萬不要仗勢欺人。若仗勢欺人，人家恨你，一時報復不了，遇有機會便會發泄。所以，自古以來不少罷了官的人，被人唾駡，處境可悲，大多是在位没做好事的緣故。假若這個韓滉，一旦失勢去投靠戎昱，戎昱會把他當老子供養的。你們說是嗎？』

衆士子都齊聲答：『是！』

張之洞笑道：『看在他故事講得好的分上，不罰三盃冷水了，向大家鞠個躬吧！』

『好，我向撫臺、山長和各位鞠一個躬。』

段暢年向大家恭敬地彎了一下腰。

一個名叫劉森的士子不待總教習催促，便自告奮勇地說：『剛纔段暢年說了酒妓的故事，使我想起唐代一個有情有義的妓女來。她不是冒牌的山西人，是一個真正的太原府女詩人。我給張大人和各位說說。』

唐代太原府的妓女詩人。此人是誰？連博通山西歷史的石老山長一時都想不起來。大家都興致盎然，張之洞也是興味頓生。大家都瞪着眼睛望着劉森。

『話說唐德宗貞元年間，有個名叫歐陽詹的讀書人，與韓愈、李觀等人同年中進士，是個事父母孝順，與朋友交往守信義的才子詩人。他那年遊太原府，與城裏一名妓女相好，約定回長安一個月後，即派車來迎娶她。回到長安後，歐陽詹接到家裏的信，信上說母病重速回。他一時心緒零亂，遂匆匆

離長安回老家。歐陽詹是福建泉州人，從長安到泉州要走兩個多月。待母親病好，他再回長安時，已超過與妓女相約的日期半年了。這個妓女以爲歐陽詹變心了，憂慮成疾，終於不起。臨終前，她用剪刀鉸下自己的頭髮，連同一首絶命詞，打發妓院的一個小姐妹送到長安。絶命詞是這樣寫的：「自從別後減容光，半是思郎半恨郎。欲識舊時雲髻樣，爲奴開取鏤金箱。」歐陽詹回到長安看到這縷頭髮和這首絶命詞後，傷心過度，竟然跟着這個妓女一道離開了人世。

張之洞静静地聽着這個哀艷動人的故事，一時竟百感交集，思緒萬千。他由這個太原妓女的癡心，想到女人的戀情。由女人的戀情想到妻子石氏、王氏的温馨。往昔她們在世的時候，曾給了自己多少體貼恩愛啊！王夫人去世這兩年多來，他再也没有得到過女人的温情了。一種對妻子的追思感，重重地壓在張之洞的心頭。瞬時間，他從内心深處湧出一股渴望再得女人的濃烈願望。

段暢年很想拉一個受罰的陪陪自己，心想這樣的癡情女或許有，但這樣的癡情郎却從來没聽説過，便高聲嚷道：「這個故事是你編的吧！我這個太原人都不知道太原有個這樣的妓女詩人。瞎編的故事不能算，要罰，要罰！」

楊鋭、吕臨等人也一起助興起哄：「罰，罰！」

張之洞揮揮手，制止衆人的喧鬧，語氣頗爲沈重地説：「他説的故事不是自己編的，《太平廣記》中有記載。太原妓爲情而逝，歐陽詹見詩而死的事都是真的。歐陽詹的詩，《全唐詩》裏也收了。」又轉過臉來問劉森：「歐陽詹送太原妓的那首詩，你還記得嗎？」

劉森説：「詩較長，我記性不好，記不全，衹記得首尾四句。」

張之洞説：「那你就把首尾四句背給大家聽聽吧！」

劉森背道：「開頭兩句是：『驅馬漸覺遠，回頭長路塵。』末尾兩句是：『流蘋與繫匏，早晚期相親。』」

往昔夫妻間的患難之情一直盤旋在張之洞的腦中，他嘆了一口氣，説：「太原妓年輕貌美又有才，却墜入烟花，命不好。歐陽詹少年時便以詩文出名，却功名不遂，直到不惑之年纔中進士，一輩子也没做過大官。他的命比太原妓的命好不了多少。一個是流蘋，一個是繫匏，二人是同病相憐，惺惺相惜。他們的愛是真誠的，故而有這樣感天動地的殉情之事出現。你們現在還年輕，還不懂得人世間什麽是真情，什麽最值得珍惜。人到中年後，就慢慢明白了。衹是到了中年明白的時候，許多真情又都被平平淡淡地打發走了，追悔也來不及。石老山長，時間不早了，今天的飯就喫到這裏吧！士子們的故事都講得好，依我看，最好的還是這個太原妓與歐陽詹的故事。劉森，我給你頒賞！」

劉森忙站起，又興奮又緊張。衆士子也都在想：撫臺大人會給他一個什麽獎賞呢？

「漪邨，你拿紙筆來！」

楊深秀從書架上拿來筆墨紙硯。大家知道撫臺要寫字了，忙將碗筷收拾好。

楊深秀把紙鋪開。張之洞拿起筆來，沈吟片刻，在紙上寫下七個勁爽飄逸的大字：

人生難得最是情

大家正在心裏默唸時，紙上又出現了一段小字：

甲申暮春，余在晉陽書院聽劉森講唐太原妓與歐陽詹故事，感慨係之，特書此以贈劉君。南皮張之洞親筆

一生以聖哲爲榜樣的石老山長，怎麽也没有想到張之洞會寫出這樣一句話，來贈送給一個青年學

子。他滿是疑惑的雙眼，望着張之洞那並無絲毫輕佻淺薄的神態，茫然不解。楊深秀和衆位士子，以此看到素日剛正峻厲的撫臺的另一面，他們感覺在心靈上似乎與他更顯得親近了。

五　離開山西的前夕，張之洞纔知道三晉依舊在大種罌粟

下午，張之洞回到撫署。準兒一見到父親便說：『爹，師傅今天說我們要隨你到廣東去了，師傅和我們就要分別了。爹，這是真的嗎？要去廣東的話，把師傅也帶去吧，我不跟師傅分別。』說着，小臉上流下幾滴淚珠兒。

張之洞忙給愛女擦去眼淚，說：『小孩子家，不要管這些事，你衹跟着師傅好好認字彈琴就是了。』

準兒出去了。然而，她没有料到，她的這幾句童稚之言，却使父親陷入了沈思。

其實，接到聖旨的第二天，張之洞就想到了李珮玉的事。就要離開太原了，珮玉怎麽辦？讓她隨着準兒去廣州嗎？珮玉有老父老母牽連着。這一年多來，每個月珮玉都回到晉祠父母身邊住兩三天。有一次，她母親跌一跤，扭傷了腰。她父親打發人來撫署接她回去照料母親，珮玉爲此很犯難：不回去，無論如何也説不過去；若回去，又不是兩三天就能了結的，小姐的學業就耽擱了。正在兩難時，張之洞知道了，對她說，你乾脆把準兒帶到晉祠去吧，住上十天半月，待你媽好些後再帶她回來。珮玉感激撫臺的體貼，帶着準兒回到晉祠，一邊照料母親，一邊教準兒識字彈琴。半個月後回到衙門，準兒高興極了，説晉祠好玩，又纏着爹同意她今後每次都跟師傅到晉祠去住幾天。從那以後，果然珮玉每次回家都帶上準兒。珮玉並無兄弟姐妹，她又怎能離父母遠去呢？若不隨同前往，那真的就從此分別了。一説到分別，不但準兒難捨難分，就連張之洞自己也突然覺得有點惆悵。

張之洞很喜歡聽珮玉彈琴。每天，珮玉在教準兒彈琴之前，自己都會完整地彈奏一支曲子。在珮玉那裏，這樣做，首先是爲了將準兒帶進一個優美的藝術境界，培養準兒對琴藝的興趣。其次，這也是她的自娱自樂：琴藝是她生命的一個重要組成部分，有了它，生活纔充實，生命纔有意義。每天完整地彈一曲，正是爲不讓琴藝生疏。而對張之洞來說，衹要有可能，他都會在這個時候，放下手中的公文來到後院，一個人坐在小書房裏靜靜地聽着，直到曲終纔回到簽押房。

每到這個時候，他的靈府深處總有一種寧馨之感。有時候，他的腦子裏還會出現一些幻覺：總以爲那美妙的樂曲，是他幼時便已永訣的母親彈出來的，是那與他分手十多年的髮妻彈出的。這琴聲，將他帶回他永遠懷念的在母親懷抱中的歲月，帶到與石氏相濡以沫的歲月。那是他一生中最寧靜最温馨的日子啊！

這種時候，他每每會叩問自己：將珮玉招來撫署，究竟是爲了給女兒尋一個師傅，還是爲自己尋一種慰藉？他回答不了自己所提出的這個問題，仿佛也就在這樣的時候，他覺得珮玉已是他生活中不可缺少的一個人了。

那一夜，珮玉無意間與他談起了『和』，從奏琴的角度談到她自己對『和』的領悟。這個被經師們説得神乎其神的『和』，却被一個普通女琴師解釋得那樣具體平實，聽得見，摸得着。衆音和諧方成樂，衆民和諧方成邦，衆邦和諧方成國。大道理皆從小道理而來，小道理又往往能啓發大道理的産生。山西巡撫從一個女琴師的無意談話中，領悟了安邦治國的深刻大道理。

從那一天以後，張之洞對珮玉開始另眼相看了。

張之洞並不清心寡慾，四十六七歲的他仍需要女人的温情，正是身邊多年來缺乏貼心知情的女人，

纔使得他有『人生難得最是情』的感慨。這兩年多來，他不是沒有想過要續娶的事，但每一想到此事，傷心之情便會油然而生。得知新巡撫原來是喪妻的鰥夫後，太原城不少人出於各種不同的目的，都想爲巡撫撮合一椿親事，但張之洞自己的心中却總熱不起來。他心頭上有一塊結始終沒有解開。

他不明白，爲何自己先後娶的三個妻子都不能與他白頭偕老，連比他小十多歲的王夫人都不能幸免，是命中注定要剋妻嗎？半年前，桑治平跟他聊天，說太原城裏有個袁半仙，是袁天罡的後人，看相算命準得很，找他的人很多。他因而擡高身價，看一次收二兩銀子，即便收費如此昂貴，仍有許多人從遠處慕名而來。張之洞的心爲之一動：何不找他去問個原因？

這天下午，他青衣小帽，由桑治平陪同來到袁半仙的家裏，先遞上二兩銀子。年近八十的袁半仙用兩隻深陷的小眼睛，將張之洞上上下下地打量一番後說：『先生的命好極了，還來找老朽做什麽？』

張之洞喫了一驚，便有意考考：『您這話怎麽說？鄙人不過一清寒塾師，命不好得很。』

袁半仙把小眼睛盡量睁大，狠狠地盯着張之洞，又用黑瘦得如同鷹爪子似的手，在張之洞的下巴上用力地捏了幾下，冷笑道：『先生不要瞞我這個老頭子。你的面相雖極平常，但骨相却比一般人要貴重得多。常人看相，看的是面相，衹把先生當塾師、賬房一類人看了。老朽看的是骨相。聽先生的口音不像是山西人，依老朽猜測，先生或者是京師放到太原來私訪暗查的御史臺，或是過路的外省貴人。』

張之洞見他說得這樣肯定，心裏也不得不佩服，便不再和他鬥嘴皮玩，微笑着說：『您說我命好，當然是我求之不得的事了。我想請問您，我的命中也還缺些什麽嗎？』

袁半仙又將張之洞審視良久，慢慢地說：『先生一生福、禄、壽都不缺，要說缺的話，缺的是伴。

這「伴」字對你慳吝。老朽斗膽問一句，先生是否有過喪妻之痛？』

張之洞點了點頭。

『而且不衹喪過一房妻？』袁半仙又追問一句，兩道尖利的眼光，像兩把鈎子似的要把張之洞的心鈎出來。

張之洞不由自主地打了一個寒顫，又點了點頭。

『哦！』袁半仙鬆了一口氣，說，『先生的骨相太重了，夫人若不是骨相也重的人就經受不起，而要找一個骨相相匹配的女子，却是不易得到。』

『照您這樣說來，鄙人今生就衹好做一輩子鰥夫了？』

『不用，不用。』袁半仙直摇頭。

桑治平在一旁說：『請老仙人點化！』

袁半仙乾瘦的手在自己尖細的下巴上摸了一摸，然後似笑非笑地說：『找一個女人來，不給他夫人的名分，也就不必要有與先生相匹配的骨相了。這女人便可以與你長相伴，不分離。』

『您是說買一個女子做妾，而不是做夫人？』

『是的。』袁半仙點頭，『買妾而不娶妻，於兩人都有利。』

張之洞臉上現出欣喜之色，起身告辭。桑治平又從衣袋裏取出一兩銀子，謝謝袁半仙的點化。

桑治平知道張之洞有再找一個女人的想法，便勸他：『你身邊是得有一個女人照顧纔行，就按這老頭子說的，買一個妾吧！』

張之洞沒有做聲。桑治平知道他動了心。

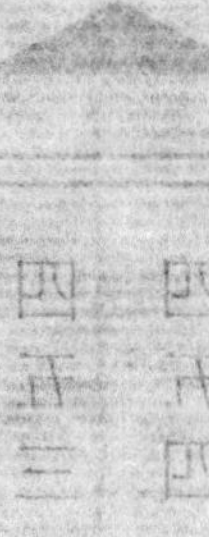

撫臺要置側室，自然會有許多人來熱心參與。領人上衙門的絡繹不絕，張之洞都看不上。此刻，他纔發現，原來自己的心裏深處已早有了一個人，此人便是珮玉。

珮玉不是一個尋常女子，要她委屈做妾，她會願意嗎？他託桑治平的夫人柴氏先去試探試探。果然，女琴師拒絕了巡撫的美意。張之洞的心頭頓生一股淒涼之感。晉陽書院酒席上，劉森所說的太原妓的故事又冒出他的腦中。半生潦倒的歐陽詹，可以贏得絕色女子的生死相許，身爲堂堂巡撫的我居然就得不到一個女琴師的愛情，這是什麼原因呢？

人生難得最是情。是的，情難得！他找出李昉編的《太平廣記》來，重新讀讀歐陽詹送給太原妓女的那首詩：

驅馬漸覺遠，回頭長路塵。
高城已不見，況復城中人。
去意既未甘，居情諒多辛。
五原東北晉，千里西南秦。
一屨不出門，一車無停輪。
流蘋與繫匏，早晚期相親。

怪不得太原妓可以爲他而死，這位八閩才子對淪爲煙花女的戀人，其情其意是何等的深切啊！情難得，難得的是兩心相印，兩情相許。珮玉不同意，應是她不知我的情。張之洞決定放下撫臺的架子，以普通人的身份去向戀人傾吐心中的一腔真情。

珮玉正在爲拒絕巡撫大人而心中不安的時候，沒想到撫臺親自來到她的房間。她心裏慌亂，表面

上依然鎮靜如常：『大人將升兩廣總督，珮玉祝賀大人榮升。』

『謝謝。』張之洞在珮玉的對面坐下，一副心事沈重的模樣。『做總督，說起來是升了，但兩廣眼下正是多事之秋。從我心裏來說，是憂多於喜。人在官場，身不由己。不瞞你說，要是由我自己來選擇的話，此時我倒並不想升官去做粵督，寧願在太原做我的山西巡撫。』

珮玉住在衙門，常聽人說起雲南廣西一帶中國軍隊與法國開仗的事。在珮玉看來，此刻去廣東，也未必是件好差事。她知道張之洞對她說的是實話。但她決沒有想到，未來的總督大人會對她這樣一位地位低下的弱女子，說出自己的心裏話。她隨口說：『太后、皇上信任大人，大人的本事也大，兩廣的事情會辦得好的。』

『但願如此。』

如同喃喃自語似的，張之洞信口說了這句話。他望了望珮玉。珮玉的神態不是過去的那種坦然大方，她一接觸張之洞的眼光，便馬上羞得低下頭來，滿臉漲得紅紅的。雙頰飛紅的時刻，珮玉頓增無限春色。

二十七八歲的珮玉，本來長得五官清秀身材勻稱，但她一來家境清貧，酷愛琴藝又使得她養成了樸素淡雅的習性；二來她作爲一個寡婦，世俗的眼光和自己的心情，都使得她不能搽脂抹粉披紅戴綠。平日在張之洞的眼中，珮玉什麼都好，就是暗淡了一點。此刻，這桃花似的紅暈一下子使得她光彩奪目起來。張之洞在心裏暗暗地叫了一聲：原來珮玉竟是一個比石氏、王氏還要漂亮的美人，過去居然沒有發現！一股熱流猛然貫注他的全身。他覺得自己竟然如同一個二三十歲的年輕人那樣，熱血沸騰，激情澎湃。難道說，是珮玉讓我歲月倒流，韶華重來？張之洞驚異於自己的癡想，他興奮至

極，一股一定要娶珮玉的情緒勃然湧起，再也不能抑制下去了！他真想對這位女琴師高喊一句『我喜歡你』，但話到嘴邊，嗓音却是壓得低低的，而且吐出的是另一句話：『我希望你嫁給我，却沒料到你竟然不同意。』

珮玉聽到張之洞直截了當地說出這句話來，臉漲得更紅了，頭深深地埋下去，嘴抿得緊緊的，很久不開口。

張之洞窮追不舍：『你爲什麼不肯嫁給我呢？是嫌我老，還是嫌我醜呢？』

珮玉兩隻眼睛死死地盯着自己的一雙青布鞋，胸臆間正如同波濤洶湧的大海、亂雲飛渡的天空，她自己也無法把握住。

『你倒是開口說話呀！』

張之洞是個剛烈性急的人，若不是對這位女琴師有着深情的愛，如此長的沈默不語，早已使得他的自尊心大受刺激，甚至會拂袖而去。

珮玉努力壓住胸中的波濤和亂雲，終於說話了：『小女子不配與大人談這樁事。』

『爲什麼？』見珮玉開口了，張之洞剛剛萌生的急躁心緒立刻平靜下來。『我知道，你是嫌我老了。你別看我雙鬢都白了，我其實還不滿四十八歲。我是道光丁酉年生的，屬鷄，你幫我算算，看是不是四十八歲？兩三年前我還祇有幾根白頭髮，來山西後，不知不覺間兩鬢頭髮都白了。我自己也沒有想到會白得這樣快。』

雖然珮玉不是嫌他老，不過也沒有料到他祇有四十八歲。看他的模樣，珮玉總以爲有五十四五歲了。女琴師輕輕地搖了搖頭。

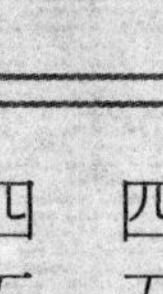

不是嫌我老。張之洞心裏這樣想着，信心立時增加幾分。

『我知道了，祇是嫌我長得醜。』張之洞坦誠地說，『我是長得醜了點，個子不大高，五官也不太整齊，我有自知之明。但自古以來，選女婿看才不看貌，男子漢不在長得好不好，而在有無才幹。太后不嫌我醜，放我做山西巡撫，現在又要我去做兩廣總督，與洋人打交道。太后不擔心讓長得醜的張某人去跟洋人打交道，會丟大清國的臉，她知道沒有才幹的總督纔會丟大清國的臉。』

說實在話，珮玉也不是因爲張之洞長得醜纔不嫁給他，但她聽了這番表白後，倒看出撫臺原來是個有風趣的人，也是一個坦蕩的人。做過人婦的女琴師懂得，坦蕩而貌醜的男人遠比狹隘而英俊的男人要好。『太后都不嫌我醜』的話，使得珮玉直想笑，她努力地克制住了。雖沒笑出聲，心情却已比剛纔要輕鬆些了。

不嫌老，不嫌醜，那就再沒有別的原因了，祇有惟一的一點，那就是她不願意爲妾。張之洞理解珮玉的心情，他要誠誠懇懇細細緻緻地跟她說清這件事。

『珮玉，我知道了，你是說我不該收你爲妾，而不是娶你爲夫人。你嫌名分不正，又擔心日後進來一個正夫人，你會受氣，是嗎？』

話說到這裏，方纔說到點子上。珮玉的家庭雖說是清貧，却也是書香之家，她雖守寡在娘家，却也是清清白白的良家女子，給人做妾，是她從來想都沒想過的事。哪怕那人家裏堆着金山銀山，哪怕一輩子住在娘家冷清貧寒，心靈手巧琴藝高超的珮玉也不願意去給別人做妾。

她擡起頭來，迅速地望了望張之洞那雙充滿熱切目光的眼睛，立即又低了下來。就在這個時候，她下意識地點了點頭，表示同意張之洞的猜測。

『珮玉，你聽我慢慢地跟你說明白。』張之洞心情沈重地說，『你來衙門裏，教準兒認字奏琴已有兩年了，你天天看到的是一個有權有勢威風凜凜的撫臺，你或許不知道，這個撫臺其實是個苦命的孤獨的人。』

珮玉的女人心，立即給張之洞這幾句帶有濃厚傷感情緒的話給吸引過去了。是的，她的確不知道巡撫大人還是個苦命的孤獨的人。她的頭慢慢地擡起來，眼神中的羞怯和畏懼減去了許多。

『在我四歲的時候，我的母親便去世了。撫養我長大成人的是我父親的側室魏老太太。幾十年來，我一直將魏老太太當作親生母親看待。我在湖北、四川做學政的時候，都將她老人家接到官衙奉養。她病逝後，我親自送她歸葬南皮祖塋。』

在珮玉的心目中，妾是沒有地位的，她沒有想到巡撫大人竟然是父親的妾帶大的，而且他對父妾執禮甚恭。她不由得對眼前的撫臺生出幾分憐敬交加的心情來。

『魏老太太告訴我，我的母親在世時最愛的便是彈琴，又將母親留下的古琴拿出來給我看。魏老太太自己不會彈琴，却能學着母親彈琴的姿勢，講述母親彈出的琴聲是如何如何的好聽。就因爲這個原因，從小起，琴便在我的心目中有着神聖的地位。後來，我的髮妻石氏過門，我就將母親留下的古琴送給她，要她學會彈琴。石氏聰慧，很快也便能彈出一手好琴來。』珮玉靜靜地聽着。琴，將她和高高在上的撫臺大人之間的距離拉近了。

『那一夜，我在晉祠聽你彈琴。你猜我是怎麼想的？我以爲那就是我的母親在彈琴，又以爲是我的髮妻石氏在彈琴。所以，第二天我一定要見你，並執意要請你進府來教我的女兒彈琴。』

珮玉的心顫動了一下。這位平日嚴肅到頗近威厲的撫臺，居然有如此純厚的孝心和深渺的情懷！

她不由自主地擡起眼來，靜靜地看着張之洞，那眼光再也不是羞怯和畏懼，而是蕩漾着似水柔情。

『在府中，我常常一個人在小書房裏聽你彈琴。你的琴曲給了我很好的享受。那時候我就這樣奢望着：下半輩子能天天有如此享受就好了。』

珮玉周身熱活起來。從來知音難覓，更何況這等知音，普天之下有一人足矣。藝人渴求賞識的心情，與女人渴求愛慕的心情交織在一起，女琴師的心動了。

她輕輕地說：『謝謝大人的厚愛。若早知道大人這樣喜歡聽我的琴，我可以每天專門爲你彈奏幾曲。』

『好哇！以後我就天天請你爲我彈幾曲。』張之洞接過珮玉的話，把它特爲强調一下。

珮玉意識到機靈的撫臺已經鑽了她剛纔話中的漏洞，臉上不由得又浮起一片紅暈。這片紅暈，再一次將她打扮得俏麗動人。

『那一夜，你從一個琴師的角度說起「和」字的道理，使我對自小起就讀過的《樂記》有了更爲深刻的認識，受到許多啓發。我想到，如果你能始終在我身邊的話，不但能讓我天天聽到美妙的琴曲，你還能成爲我的內助，可以補我之失，糾我之誤，半爲良師，半爲益友。』

珮玉覺得自己承受不起這份器重：『大人言重了。小女子那夜一時興起，信口胡謅的話，原是當不得真的。』

『不，你那夜說得很好。』張之洞鄭重地說，『和，是音樂產生的基礎；和，也是治理邦國的最佳途徑。聖人治理天下的大道，很可能就是從樂師彈奏琴曲啓發而來的。老子說治大國如烹小鮮，大道理和小道理其實是相通的。好了，這些就不多說了。但你要相信我，我的確由你的話得到了許多啓迪。我於此看出你的治事之才，你今後是可以成爲我的幫手的。』

張之洞的這番話使珮玉頗受感動。她已覺察到話中的重量：知音，幫手。這分明不是尋常大官員買小妾，將買來的女人當玩物，當侍婢，當任意處置的奴隸，而是將她放在與自己平等相待的位置上。若真的這樣，作爲一個平民家裏出身的女人，一個喪夫夭子的寡婦，她還有什麼話可說的？但，既然如此，又爲什麼不用八擡轎從大門將我娶進來，立爲正室呢？珮玉甚是疑惑不解。

『現在讓我說說，爲何不將你作爲續弦夫人娶進門的道理。』

張之洞感到這話有點難於說出口，他在心裏作出一個決定：如果珮玉堅持不同意做妾的話，他就改變主意，寧願再冒一次風險，也要把珮玉娶過來。珮玉對他太重要了。

遲疑良久後，張之洞說：『你可能還不知道，我先前有過三個妻子。結髮妻子石氏去世時還不到三十歲。續妻唐氏去世時三十四歲，第三個妻子王氏去世時三十五歲。她們都是年紀輕輕的便離我而去，使我很痛苦，也使我奇怪。太原城裏的袁半仙告訴我，我的命太硬，若要女人長久保住，祇有不居夫人的名分纔可。』

略停片刻，他又以十分懇切的態度說：『我很喜歡你，非娶你不可，但我又不想你走石氏、唐氏、王氏的老路。爲了你，也爲了我，所以纔作出這種安排。你能體諒我的苦衷嗎？』

珮玉祇知道準兒的母親三十多歲就過世了，却不知道在此之前還有兩位，也是青春年華便過早棄世。因爲自己的不幸遭遇，珮玉也相信命運。她相信是因爲自己的命不好，纔尅夫尅子，纔寡居孀處。一個三喪妻子，一個兩喪親人，從痛失親情這點上來說，兩人同是情感世界中的天涯淪落人。是啊，與其頂個夫人的名分而短命，不如做個偏房而長相廝守。珮玉望了一眼張之洞，沒有說話，而張之洞却從她的眼神中看到了諒解的目光，他心裏一陣欣喜。

第六章　觀摩洋技

男子漢的激情，發自內心深處的愛的驅使，使他一時忘記巡撫的尊嚴和中年男子的持重，他的兩隻强勁的大手，抓住珮玉的兩隻纖纖素手，動情地說：『珮玉，嫁給我吧，我會始終對你好的。你名義上雖居側室，其實家裏並沒有夫人，你就是夫人，內政全部交給你，由你一人掌管。今後，我也不會再買妾討小了，也沒有人再來與你爭個高下。準兒這兩年來和你相處親熱，她昨天聽說你就要回晉祠去都哭了，她捨不得你走。看在準兒的分上，你留下吧！』

說到童年就沒娘的女兒時，張之洞那顆剛烈的男人心已化爲慈母情，聲音不覺抖動起來。

名爲妾實爲夫人的許諾，準兒的心意和她的眼淚，最終把珮玉給說動了。事事都好，就不該這個名分上差了。珮玉雖靈慧過人，但終究是一個貧窮而命苦的弱女子。她相信命，相信天意，她不再執意拒絕了。張之洞一把抱過珮玉，緊緊地將她摟在懷裏。珮玉沒有推脫，也沒有將臉貼在張之洞的胸前。她並沒有多少喜悅和幸福的感覺。她從來沒有想過高攀官家，她最大的願望祇是能遇到一個實心實意知寒知暖的男人，與他同甘共苦地過日子，創家業。她知道，走進官家，有許多外人看得見的風光，而同時也有許多外人看不見的煩惱。她不知道今後的日子到底會怎樣過。想起英年早逝的丈夫和兩歲殀折的姣兒，想起從此以後將琵琶別抱，再爲人婦，珮玉心在劇痛，淚泪如雨下！

好長一會，她從張之洞的手中掙脫出來，輕輕地說：『我還要回家去告訴父母，聽從他們的意見。』

『是的，是的。』張之洞急忙說，『那是應當的。我明天就派人送你去晉祠，好好地跟兩位老人說清楚，請他們同意。』

『還有。』珮玉細聲細氣地說，『我的父母祇有我一個女兒，他們一天天地衰老了，身邊要人照顧，我想請大人答應，讓他們隨我一道走。』

『好，好。』張之洞忙不迭地答應。『侍奉父母，是做兒女的本分。你父母就你一個女兒，他們自然是應該跟隨你到廣東去的。他們願住衙門也行，願自己賃屋住外面也行，一切聽他們的。』

珮玉不再說什麽了，心也慢慢地平靜下來。

正是春末夏初時分，三晉大地麥青花黃，萬物欣欣，張之洞結束在山西兩年半的巡撫任期，肩負着以醇王爲後臺的新軍機處的重任，懷抱着兼濟天下、經營八表的素志，離開太原，前赴眼下朝野內外、歐亞東西所關注的爭鬥之地，他將要以一身作南天柱石，撑起這座風雨飄搖的帝國大廈的一隅。四十八歲的中年總督不免憂喜參半：大展宏圖之心與責任重大之感同時併存。

然而，與當年孤身赴晉不同，此時，他的身邊多了一位有才有識的終身伴侶。這些天的共同生活，珮玉給張之洞帶來的温馨，在他的身上發生了神奇的作用，仿佛青春重返，韶華再來，張之洞覺得渾身上下都充滿了像二十年前似的用之不竭的生命力。他回顧兩年多來所辦的一樁樁大事：鏟除罌粟，獎勵農桑，戒煙禁煙，清查庫款，查辦貪官，整飭吏治，免除攤派，甦緩民困。儘管這些政績是用兩鬢全白的辛苦所换來的，却是十分值得。望着古道兩旁一派莊稼茂盛耕作繁忙的景象，張之洞的臉上泛起欣慰之色。

車到蔭營鎮時，他想起了那年途中打尖的小飯鋪，便把大根叫來說：『你再去跟那位薛老闆聊聊，問問他罌粟根絶了没有，老百姓的日子過得好些没有？』

半個時辰後，大根趕上了車隊。

『見到那個薛老闆了嗎？這裏的情况如何？』張之洞希望從這個小小的點上的變化，顯示出他治晉

兩年多來的巨大政績。

『見到了。』大根的情緒並不高昂，『薛老闆說，他們這裏的罌粟還在種，祇是大路邊没有而已，離開大路兩旁不到十里地，那裏的罌粟照舊和過去一個樣。』

『他們爲何還要這樣做？』張之洞生氣起來。

『我也問過。薛老闆說，大路兩邊不種，祇是爲了應付官府。老百姓還是要種，他們要靠它養家餬口過日子。』

『苛捐雜税減少了一些嗎？』停了一會，張之洞又問。

『薛老闆說，也没有減少什麽。原來的名目没有了，又增加了一些新名目。一年下來，老百姓出的錢，與過去差不了多少。老百姓若不種鴉片的話，這些捐税根本就無法交。薛老闆還說，官府也有它的難處。有次平定縣的主簿在他的飯鋪喫飯，說省藩庫一年支給縣衙門的錢還不够大夥兒喫飯，更不要說有錢辦公益事了。縣衙門不問老百姓要問誰要？所以官府後來知道罌粟還在大量種，也就開隻眼閉隻眼，明禁暗不禁了。』

張之洞不再問下去了。蔭營鎮是這樣，看來其他地方也差不多，剛纔的欣慰之色，早已在他的臉上消失得無影無蹤。一個認識猛然清晰地出現在他的腦海中：中國的根本癥結在於百姓的貧困，若這個癥結不化解，任何德政都將無法施行。然則，如何纔能使得百姓富裕起來呢？這真是一個重大而棘手的難題。他想：將法國之事了結後，一定要用全副精力來致力於富民之事。

然而，清流出身的新任兩廣總督没有料到，法國之事，其實是很難了結的，這裏面有太多太複雜的緣故。就在張之洞千里南下旅途中，京師政壇幕後的活動正在緊張地進行着。

第七章　和耶戰耶

一　恭王府裏的密謀

古老的天津衛近幾十年來湧現了許多新鮮事兒，這些新鮮事差不多都與『洋』字有關：街道上常常可見一些金髮碧眼，戴高筒帽，拿黑手杖，趾高氣揚的男人，那是洋人；也能見到穿黑大長袍，蒙白頭巾，低着頭面無表情，用急匆匆的步伐趕路却又沒有一點脚步聲的女人，那是修女，老百姓都叫她們洋尼姑；在低矮破舊的民宅邊突然會有一棟奇怪的建築出現，大塊大塊的石頭壘成，尖尖的屋頂直插雲天，屋頂上還矗立着一個十字架，那是洋教堂；在城中心的繁華地段，或是海邊幽靜之處，常常可見到一棟棟新奇鮮亮的房屋，那是洋人們住的洋樓。

天津衛大小衙門的官員們，對這些帶『洋』字的玩意，大都採取敬而遠之的態度。此時，在一頂豪華耀眼的藍呢大轎裏，却坐着一個與衆人心態不同的官員。此人以冷冷的甚至帶有幾分鄙視的目光，看着轎邊晃過的長袍馬褂和陳舊不堪的店鋪，而一旦他的眼前出現洋人或洋房的時候，他便會立即掀開轎窗簾子，睁大眼睛，極有興致地欣賞着，那神情，滿是羨慕、渴望、追求……

此人並不是洋人，也從沒有在國外喝過半天洋水，他是一個地地道道的中國人，有標準的中國長相，有純粹的中國血脈，也有一個規範的中國名字：盛宣懷，字杏蓀。然而，他對洋人和洋人所辦的一切事業，却是五體投地地嘆服、敬仰。

盛宣懷出身於一個官僚世家，父親做過湖北鹽法道，與先後做過湖北巡撫及湖廣總督的胡林翼、李瀚章李鴻章兄弟很要好。因爲這層關係，他在二十歲時便以秀才身份進入李鴻章幕府，以精明能幹而得到李的信任。不久，官居直隸總督兼北洋大臣的李鴻章創辦輪船招商局，他委派盛宣懷爲該局會辦。

盛宣懷把中國人破天荒辦起的這個內河航運公司，經營得興旺發達，居然將美國人辦的，稱霸長江十五年的旗昌航運公司全部買下，輪船招商局的實力一時間無人可以抗衡。與此同時，盛宣懷也爲自己撈取大量銀子，遭人彈劾，終於丢掉了會辦的職務。

這時，中俄伊犁糾紛出來了，朝廷深爲遠在西北邊陲的伊犁城的文報不通而憂慮。相反地，俄國人却可以通過電報，天天與聖彼得堡聯繫。在事實面前，即使是最頑固的守舊派，也承認洋人的電報要勝過中國的四百里專遞。於是，朝廷决定倣照洋人之法建立電報局，將此事交給李鴻章。李鴻章相信盛宣懷的能力。因爲此，賦閒家居的盛宣懷，便成了設在天津的中國電報總局的督辦。纔四年光景，盛宣懷又把另一個時髦的洋務弄得紅紅火火。

現在，他的袖口袋里正裝着一份重要的電報。他帶着它直奔北洋通商大臣衙門，去拜謁他的主子。

藍呢大轎在越過幾棟洋樓洋教堂，送走幾個洋男人洋尼姑之後，來到了氣勢宏大的北洋大臣衙門。盛家衣着鮮麗的僕人持着名片，踏上麻石鋪就的九級階梯，彎着腰雙手將名片遞給一個架子不小的中年門房。

門房見了名片，知道來訪的是電報局的盛督辦。盛督辦是北洋衙門的常客，門房是熟悉的，但時當正午，來的不是時候。門房操着一口合肥土話，對盛家的僕人說：『爵相剛散完步後躺下，要過半

個時辰纔起來辦公，請盛老爺等一等。』

爵相便是李鴻章，這是對他最尊敬的稱呼。李鴻章官居總督，通常的總督，可尊稱爲制臺或督憲；他身爲大學士，通常的大學士，可尊稱爲中堂或相國。但李鴻章不是一般的總督，也不是一般的大學士，他乃是一個有着二等肅毅侯爵位的大學士總督，故人們都特別尊稱他爲『爵相』。

盛家的僕人早已得到主人的指示，忙說：『我家老爺說，勞您駕，他有一份洋人打來的重要電報，要立即稟告爵相。』

聽說是洋人打來的重要電報，門房不敢怠慢，趕快進去了。一會兒工夫，便傳出話來：『請盛老爺進去。』

盛宣懷這纔從藍呢轎子裏踱出來，氣宇軒昂地跨過北洋大臣衙門那道又寬又厚的鐵門檻。剛在小客房坐定，門外便傳來一句洪亮的安徽官腔：『杏蓀，有什麼急事，這個時候來吵煩我？』

隨即走進一個身材頎長穿着白綢睡衣睡褲的人來，此人即威名赫赫的李鴻章。

李鴻章二十二歲時從合肥老家來到北京，拜父親的同年曾國藩爲師，成爲曾氏一生惟一的及門弟子。二十四歲高中進士入翰苑，三十歲時回原籍協助呂賢基辦團練，因軍功而升至按察使銜。三十六歲那年他投奔曾國藩，得到業師的賞識，不久便命他回家鄉招募子弟，組建淮軍，救援上海。又向朝廷保舉他爲江蘇巡撫。從此，李鴻章憑着淮軍這支戰鬥力極强的軍隊，和他自己的過人才幹，收復蘇南，平定捻軍，又在西北有效地鎮住回亂，得以一步步走向事業的高峰。到了同治末年，無論官位，還是權力，他都與乃師並駕齊驅了。

李鴻章很受慈禧的器重。自從同治九年以來，他穩坐直隸總督這把天下第一疆吏的交椅已經十五年了，不論朝廷內外，凡國家大事，慈禧都非常重視李鴻章的意見。儘管軍國大事十分繁忙，但李鴻章深得業師的養生真諦，每天堅持飯後走三千步，臨睡時用熱水泡脚一刻鐘，加之他禀賦剛强，遇事想得開，故而身體健朗，面色紅潤，六十二歲的老者，看起來如同五十開外的人一樣。

『爵相，打擾了您的午睡，實在對不起。』

盛宣懷跟隨李鴻章十多年了，深諳李的通脱簡易的脾性，他站起來説完這句話後，不待李鴻章吩咐便立即坐下，既不寒暄客套，也不咬文嚼字，開門見山地說：『赫德從上海打來電報，是關於眼下與法國人鬧糾紛的事。事情重大，不能遲緩，所以立即送過來，請爵相過目。』

赫德是英國人，二十一歲時來到中國，已在中國住了整整三十年，是個真正的中國通。他身居中國海關總税務司要職已達二十年之久，以洋人之身而執掌大清帝國海關税的大權，與李鴻章的關係很是親密。

聽說是赫德的電報，又是說的與法國人的事，李鴻章的精神立刻振作起來。他將手中那兩隻不停轉動着的曾國藩所送的玉球放在茶几上，說：『快拿出來給我看！』

盛宣懷從左手衣袖裏抽出一沓電報紙來，雙手遞過去。李鴻章接過後，順手將茶几上的一副西洋進口老花眼鏡戴上，仔細地看起來。

赫德的電文較長。他告訴當今中國的第一號外交家，法國最近派遣一個名叫福禄諾的海軍中校爲特使，賫帶一封重要密函來到中國，在廣州會見粵海關税務司德璀林，請德璀林陪他一道北上，設法將這封密函交給朝廷。德璀林和福禄諾帶着這封信已來到上海，將要赴天津拜謁爵相。據福禄諾說，密函中有開放雲南，不得損害和限制法國在越南的權利，賠償法國軍費，調離主張對法作戰的駐法公

使曾紀澤等主要內容。此事如何答覆，請爵相作出決定。

看完電報後，李鴻章摘下老花鏡，默不做聲。

『福祿諾和德璀林很快就要到天津來了，這事如何辦？』盛宣懷見李鴻章老是不開口說話，忍不住問了一句。

李鴻章重新拿起那兩隻淺綠色的玉球，在手上慢慢地滾動着，仍然沒有開口。

這是一件很大的事情，李鴻章自然要深思之後纔能作出決定，盛宣懷不再多嘴了。他自己也開始認真思索起來。一來他對眼下國家的這件大事也很關心，二來他需要作點準備，若萬一爵相問起來，也好有一個像樣的回答。

『杏蓀，你看這個法國人如何接待爲好？』

果然被盛宣懷料中了，李鴻章轉了好多圈玉球後，突然側過臉來問他。盛宣懷知道李鴻章是當今惟一能圓熟應付洋人的大員，但因爲慈禧太后的態度不好把握，在與洋人打交道時，他也不免存幾分疑慮之心。

盛宣懷胸有成竹地回答：『爵相，依職道的想法是，叫德璀林一人帶着法國政府的密函來天津，讓那個法國特使在煙臺候着。德璀林雖然是德國人，但到底現在是咱們的官員，得聽朝廷和爵相您的，彼此之間有些話也好挑明說。那個法國特使我們向來沒見過面，不知這人怎麼樣，儻若是個橫蠻不講道理的傢伙，反而會把事情給攪了。』

李鴻章注意聽着盛宣懷的話，心裏不停地在想：這小子是越來越成熟老練了。可惜，這種頭腦清楚又會辦事的人太少了，若身邊有十個盛杏蓀的話，天下什麼事都好辦。

『這個法國特使我倒是見過一面。』李鴻章緩緩地說。

『爵相認識他？』盛宣懷頗爲喫驚。

『三年前他的兵艦在塘沽停了一個月，專程到北洋衙門看過我，看起來像個精明鬼。衹見過一面，我對他不了解，是得防範點。就按你的主意辦，趕緊給赫德發個電報，叫德璀林帶着密函來見我，讓那個法國人在煙臺候信。』

盛宣懷不敢多打擾李鴻章，遂告辭離開北洋大臣衙門。

李鴻章拿着電報走進卧房，再細細地看過一遍後，便將它壓在枕頭下。他是個心胸開闊的人，平生不知度過多少險灘惡浪，這種事不至於影響他的情緒，他照常睡他的午覺。

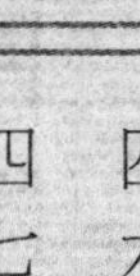

一個鐘點後，他起床走進簽押房，開始處理公事。老僕人送來他數十年來喝慣了的祁門紅茶。他喝上一口後，想起了午間盛宣懷送來的電報。

自從同治元年組建淮軍救援上海以來，李鴻章與洋人打交道已有二十餘年的歷史。他雖然不懂洋話，也沒放過洋，但對東洋西洋各國的情況大致瞭解，至於對自己國家的實力和各種弊端，更是洞若觀火。積二十餘年的洋務經驗，李鴻章深知中國目前遠不是東西洋各國的對手，必須有一段相當長的時間用來向洋人學習，引進他們的長技，然後纔能談得上與他們抗衡；至於制服洋人，則更是近期所不能奢望的。他的老師曾國藩在世時，師徒倆多次談過這件事，彼此的看法是一致的。同治九年他們聯合上摺，請求派出優秀子弟分期分批出洋留學，學習洋人的天文曆數、機器製造等技術，十年八年學成後再回國報効。他和他的老師把這個國策定名爲『徐圖自强』之策，並認爲這是導致中國富强的惟一穩健而有效的策略。中國在近幾十年裏，應當有一個能保證這項國策得以實現的安定環境，所

以，在與洋人糾紛中，要盡可能地採取妥協的辦法，避開與外人交戰。

徐圖自强之策得到慈禧太后、恭親王的支持，但也時常受到國人的指責。守舊者認爲學洋人的『奇技淫巧』是離經叛道之舉，有辱祖宗；激進者又認爲在洋人面前的妥協是軟弱可恥的行爲，有漢奸之嫌。雖有太后和恭王的支持，李鴻章仍時常有各方不討好的煩惱，但他生性倔强，並不因此而改變自己的國事宗旨。

法國人在越南挑起的與中國人的糾紛，從去年開始就鬧起來了，朝廷像往常一樣，也把這件棘手的外交事務交給李鴻章去辦理。去年四月間，當法國政府調兵遣將，加大軍費開支，準備在越南大幹一場的時候，慈禧命李鴻章迅速前往廣東，督辦越南戰事，所有廣西、雲南兩省的軍隊都歸他一人節制。李鴻章抱定不與法國破裂的既定方針，沒有去廣州，而是在上海與法國公使作了一個多月的和平談判。後來，談判的地點又搬到天津。中法雙方在談判桌上磨了半年多的嘴皮，幾乎沒有什麼進展。法國方面終於停止談判，於是有今年春天越南戰場上，中國軍隊的喪師失地。

這個時候，法國政府派遣特使前來天津拜會，表示法國並不想把這場戰爭打下去。祇要中國不是損失太大，爲了『徐圖自强』的大計，對外之事李鴻章都主張隱忍曲全。是的，要抓住這個機會，恢復談判，如能簽訂一個雙方都可接受的條約，使戰爭即刻停止，那就更好了。

但這是一樁極大的事情，不能擅自作主，趁着法國特使和德璀林還在海上航行的時候，應該到京師去一趟，請求陛見，當面向太后禀報。李鴻章打定了主意，次日一早便動身，坐上一駕快馬車離開天津。進了京城後，他決定先去看看恭王。於公於私，這都是非去不可的。

恭王奕訢的府第，是北京城裏的第一號王府，坐落在前海西街，是乾隆朝的權相和珅的住宅。和

珅玩弄權術，貪污受賄，積纍了數不清的銀子，建造這座僅次於皇宫的大宅院。乾隆死後，和珅垮臺，嘉慶皇帝將它賜給自己的胞弟慶王，以後幾經周折，便到了恭王的手裏。自從辛酉年兩宫垂簾聽政以來，二十多年裏，恭王一直處於軍機處領班大臣的重要位置，執掌朝政，權傾天下。他住這個宅子，倒也是名副其實的。

但眼下，恭王的地位與這座王府的規模却不符了，因爲現在他祇是一個普通的王爺，他的炙手可熱的權力，已被慈禧太后一紙命令給剥奪了。

當年，因共同的險惡處境，而內外携手結成聯盟的叔嫂，本應長期合作，共享坐天下的榮耀，但其實不然。早在垂簾聽政初期，江寧剛剛打下，江南局勢尚未完全穩定的時候，慈禧與恭王之間便有了裂縫。

慈禧雖是咸豐帝的妃子，但她的兒子做了皇帝，她升爲太后，便是君了。恭王雖是道光帝的兒子，從血統上來説也是名正言順的皇位繼承者，但一旦這個皇位沒有繼承上，他便祇是一個臣子，祇能聽從爲君者的號令。違令便是欺君，反抗便是造反，上下形勢，一轉眼工夫就這樣鐵定終生。於是慈禧可以對恭王發號施令，恩威並加，而恭王也祇有臣服的分。

裂縫出現，慈禧對恭王很是不滿，親自動手寫了一道錯字連篇的上諭，把恭王的一切職務都給罷了。過了幾天，因爲滿朝文武都不贊成，慈禧又把職務還給恭王，但『議政王大臣』這個最高頭銜却始終沒有交還。

再過幾年，同治帝親政，在母親的授意下，下令修復圓明園。身爲當家人的恭王知道國庫窘迫，根本拿不出這筆巨款來，便力勸侄兒收回成命。恭王的不合作，既得罪了侄兒皇帝，也得罪了嫂子太

后。小皇帝剛執政，不知輕重，爲了討得母親的歡心，也爲了樹立自己的權威，竟然下令革去恭王的一切差使，並貶爲庶人。這道命令太駭人聽聞了，整個皇族爲之震驚。咸豐帝的五弟惇王代表王公大臣向太后求情。

慈禧原衹想警告一下恭王，給他一個處分，却不料兒子這樣不懂事，弄得闔朝不滿。她衹得教訓兒子一頓，將罷免幾個時辰的各種差使又全數奉還。恭王當然知道這背後的原因，彼此之間的裂縫遂更爲加深了。

上個月，因越南前綫的軍事失利，軍機處全班下臺，恭王心裏明白，這是二十餘年來，他和慈禧在國事及私事上，各種積怨的總爆發。

恭王是一個集器局開闊和性格軟弱於一身的王爺，罷官以後，他幾乎謝絶所有人的拜訪，自己更是足不出户。他在王府内賞花觀魚吹簫聽戲，倒也自得其樂。過去太忙，沒有時間讀書，現在有的是清閒，他捧出幾本唐詩宋詞來讀，立刻就被漢人祖先所創造的精美絶倫的藝術給鎮服了，成爲一個詩迷詞狂。

恭王聰明，從小起又受過嚴謹的宫廷教育，學問基礎好。一兩個月下來，他居然寫出了幾十首很像個樣子的詩詞來，而在集句這方面，則更顯出他過人的才情。

喫過早飯後，他在王府的東花園裏一邊散步，一邊隨意背誦幾句唐詩。忽然間靈感上來，又得到一首集句佳作。他急忙回到書房，抽出一紙花箋，將這首詩記下。剛寫完，王府長史便來禀報：李中堂的轎子已停在府門外。

恭王雖然被罷了官，但他還是王爺，且他執政多年，得過他好處的人不少，故家居以來雖大爲冷

清，却也並非門可羅雀，還是有人前來看望問候。若是尋常的大臣，恭王看過名帖後，交代長史一句『知道了，多謝』，就没有了下文。長史明白王爺的意思，出去婉拒來訪者。這樣做，來訪者並不見怪，反而覺得十分合適。因爲這種時候，來訪者也不過是表示一種慰問之意罷了，彼此之間都不便深談，甚至還不知王府旁邊是否有醇王的暗探，轎子停留的時間越短越好，心意到了就行了。長史説完這句話後，來訪者便會立即起轎離開。

這就是官場之間的交往，本來不合情理，然而大家都這樣做，反而合情合理了。但是，李鴻章不是尋常的大臣，他和恭王的交情也不同尋常。李鴻章這半年來都住在天津，恭王離開軍機處後，他衹來過一封慰問函，這是罷官後的第一次拜訪。恭王放下手中的筆，對長史説：『將李中堂請到閲報室去。』

王府裏的閲報室，是專爲恭王閲讀西洋各國報刊所辟的一間房子。恭王不懂洋文，這些報刊上的文章自然是已經總署翻譯好了的。室内所有擺設，全是西洋的一套，精美考究，舒適實用。

『王爺。』李鴻章一進閲報室，便要行跪拜大禮，恭王忙雙手扶着他的肩，不讓他跪下。『中堂年事已高，千萬不要這樣。』

説着，親手把李鴻章領到墻邊的座椅旁，請他坐下。這是一套西洋牛皮沙發，是英國公使威妥瑪送的。

『王爺，近來身體還好嗎？』李鴻章望着五十剛出頭便已顯衰老跡象的恭王，關心地問。

『託祖宗的福，還好。』奕訢微笑着説，『中堂氣色甚好，我真佩服你的保養功夫。』

『哪有保養功夫，不想事罷了。』李鴻章哈哈一笑，『聽説王爺在用功讀書，這兩天讀的什麽書？』

『讀的都是閒書。』奕訢猛然想起自己的詩作，忙叫長史從書房拿來剛寫上字的那張花箋，遞給李鴻章，『中堂是翰林出身，詩文很好，看我這首集唐人句，有沒有牛頭不對馬嘴的地方。』

李鴻章恭敬地接過花箋，看那上面寫的是一首題作《無題》的五律：

白髮催年老，顏因醉暫紅。
有時弄閒筆，無事則書空。
縹緲晴霞外，筋骸藥白中。
一瓢藏世界，直似出塵籠。

李鴻章出身書香世家，小時候在父親的嚴督下，刻苦攻讀過經史子集，詩文的確做得不錯。當年，他的父親李文安想讓兒子拜曾國藩爲師。曾國藩對李文安說：『把你家二少爺的詩文拿給我看看吧。』

李文安送上兒子的詩稿，曾國藩慢慢地翻開着，目光久久地停在那十首《入都》組詩上，默默地唸着這個二十二歲的年家子的詩作：『馬是出群休戀棧，燕辭故壘更圖新。遍交海內知名士，去訪京師有道人。』心裏在點頭讚許。當他讀到『丈夫隻手把吳鉤，意氣高於百尺樓。一萬年來誰著史，三千里外欲封侯』時，大爲驚訝，他合上詩稿簿，對李文安說：『二少爺志向高遠，前途無量，這個學生我收下了。』後來，在曾國藩的指點下，他的詩文長進更大。但李鴻章要做英雄的事業，不樂意在筆墨之間耗費太多的功夫。後來，軍務政務繁忙，他幾乎與詩文絕交了。

此刻，他讀了奕訢這首集唐人句詩，不覺大爲嘆服：『渾然天成，如出一手。王爺唐詩功底如此深厚，真令我這個翰林要汗顏了。』

奕訢聽了很高興：『中堂說好，看來這個事我今後可以長做下去了。』

李鴻章說：『吟詩作賦，畢竟是文人的事業，王爺儘管在這方面才華橫溢，也不必下過多的功夫，還有許多大事需要王爺您去費神哩！』

奕訢笑道：『我現在無官一身輕，軍國大事都不考慮了，正可以全副身心來做這個名山事業。』

李鴻章佩服奕訢的器局，奕訢賞識李鴻章的才具，又加之無論對內對外，二人在大計上十分投合，故二十年來，李鴻章與奕訢，除開在官場上配合默契外，在私交上也有較深的情誼。對於兩個月前的政局巨變，李鴻章的心中是大不以爲然的，但無奈這是太后的決定，新軍機處的後臺又是皇上的生父，何況軍事上的失利，軍機處也有推卸不掉的責任。所有這一切，都使得李鴻章不好說什麼，衹能對此保持緘默，而對奕訢的同情，則是發自內心的。儘管他們之間的身份上有近支王爺與漢大臣之間不可逾越的差距，因爲相知頗深，李鴻章說話也就不顧忌。

『王爺，話雖這麼說，但哪能呢，祖宗留下的江山，王爺能不操心嗎？依老臣之見，王爺不久還得復出，朝廷這個家還得王爺您來當呀！』

奕訢眼睛一亮，猛然想：李鴻章一向住天津，這會子怎麼到京師來了呢？莫非太后有什麼大事召他來商議？

『說了這多閒話，我還沒問你，什麼時候來的京師，住在哪兒。』

『昨天午後到的，住在賢良寺。』

奕訢點點頭：『有什麼要事嗎？』

『有一件大事要當面稟報太后，還沒有遞牌子，先到這裏來了，一來看望王爺，二來也要向王爺請教。』

『什麼大事，還要找我這賦閒家居的人。』奕訢說着，神情立即肅然起來。他知道，李鴻章親來京師禀告太后，自然是有極大的事。二十多年來的執政生涯，養成了他以國事爲己任的習慣。這兩個月來無國事過問，他的心空落落的，讀書也好，集句也好，實在是百無聊賴的自我消遣。他的內心深處，一刻也沒有停止過對往日權勢的追憶。

『越南的戰爭，赫德來了電報，說法國政府專門派了個特使要來天津見我，談停戰簽約的事。』李鴻章說着，從衣袖袋裏取出電報，遞給奕訢，『這是赫德的電報，請王爺看看。』

奕訢接過電報，細細地看過一遍後還給李鴻章，端起茶碗來，慢慢地抿着，一言不發。

李鴻章謙恭地問：『王爺您看，這個法國特使，見還是不見？』

奕訢又沈默了一會，方纔開口：『按理說，這樣的大事，我現在已不便說什麼了。一來如你說的，事關祖宗傳下來的江山社稷，我再沒有一官半職，也是太祖太宗的後裔，宣宗成皇爺的兒子；二則你打老遠的來，看得起我，就衝着中堂你的面子，我也不能不說兩句。』

『王爺言重了。我這張老面子可有可無，倒是您說得好，祖宗傳下來的江山社稷爲重，別的過節都是小事。』

奕訢聽出李鴻章的話中之話，說：『老七早就想自己動手了。也好，看人挑擔不費力，讓他自己來挑一挑吧！』

『王爺這話說得對極了！』

奕訢這句話真是說到李鴻章的心坎裏去了。這二十多年來，他每受到別人的指摘時，心裏就老想起這句話，滿肚子都是怨氣。

『你問我的看法，我就實說吧。與法國人打仗，是絕對打不贏的，早和早好，遲和遲好，和總歸是好。你就辛苦下，抓住這個機會，與這個法國特使談出個和局來。談成了，就是大清江山社稷之福，是太后、皇上之福。』奕訢以十分明朗的語言表達了自己的意見。

『好，有王爺這番話，我心裏就有底了。』

奕訢的這個態度，也正是李鴻章的態度。

『你什麼時候去見太后？』

『過會我告辭後，就去遞牌子。看明天上午太后能不能召見我，我在賢良寺裏候着。』

奕訢又端起茶碗來，慢慢地喝着茶。李鴻章心裏想：電報，恭王看了，對談判的看法，恭王也說了，可以告辭了。正想着要起身時，奕訢開口了：

『在越南帶兵打仗的兩個巡撫，都是那些清流黨極力推薦的，壞事後把責任往軍機上推的，也是那些清流黨，真不知這班人要把國家弄成什麼樣子纔肯罷休！』

奕訢所說的兩個巡撫，一個是指廣西巡撫徐延旭，一個是雲南巡撫唐炯。徐延旭在廣西做藩司時，幕僚中有人在越南住過一段時期，徐便通過此人的講叙，寫了一本關於越南山川形勢的書，自以爲把越南的國情都掌握了，主戰的調子唱得很高。唐炯乃將門之後，對兵戈一事也自視甚高，主戰甚力。對外一貫主張强硬的清流黨人，很是欣賞徐延旭、唐炯；尤其是徐延旭，還是一個研究越南的專家，更爲這些書生所看重。就在法軍挑釁日甚之時，張佩綸極力主張將原來的滇、桂兩省的巡撫換下來，擢升徐、唐爲巡撫。張佩綸怕自己一人的力量單薄，便邀請已爲一方疆吏的老友，在越事上與自己持同樣觀點的張之洞會銜。張之洞也是同意的，衹是這兩個人都和他有些親戚瓜葛：唐炯是他死去的唐

第十章　珍妃弄權

夫人的弟弟，徐延旭是鹿傳霖的兒女親家，爲着避嫌，他請陳寶琛與張佩綸會銜。張、陳的摺子遞上去沒有幾天，徐、唐二人便分別升爲滇、桂兩省的巡撫。

不料，這二人都衹是紙上談兵的角色，一到實戰時便不中用了。電報傳到京師，大家都很憤怒。盛昱上了一疏彈章，先是指責張佩綸、陳寶琛濫保匪人，繼而强調最終責任還是在軍機處。於是，便有軍機處大換班的變局出現。因爲官居右庶子的盛昱也是個喜歡參劾大員的言官，時人也將他視作清流黨。這便是奕訢所發怨氣的背景。

李鴻章說：『清流誤國，的確是不刊之論。這些人衹唱高調，不辦實事，出了麻煩惹了禍，他們一點責任都沒有，還得別人來替他了結。就拿前些年天津那樁燒教堂殺洋人的事來說吧。都說陳國瑞是幕後的指揮，其實陳國瑞是受那幫唱高調人的煽動。後來又說什麼趁此機會燒掉所有教堂殺盡一切洋人，聽起來愛國得很，若真照他們說的去做，禍還不知要闖多大。虧得文正公委曲求全，總算較好了結了，却背了個漢奸的罪名憂鬱而死。』

『趁此機會燒掉所有教堂，殺盡一切洋人』這句話，便是醇王奕譞說的，李鴻章不便點名，奕訢一聽就明白。在洋務這方面，他們二人是完全一致的，對清流黨的指謫都是深惡痛絕的。

奕訢說：『這班子清流黨，我看都得給他們派點實事做做爲好，免得他們天天說自己懷才不遇，看別人這也不順眼那也不順眼的。』

『張之洞這不放了兩廣總督，讓他試試看吧！』

李鴻章的話語裏明顯地帶有幾分輕慢的色彩。在他的面前，張之洞真正是個後生小輩，沒有他的那些赫赫軍功，這是不消說的了；就拿資歷來說，也不過衹做了兩年多山西巡撫。僅憑幾份寫得好看的論兵奏疏，就擢升粵督？戰場上的事可不是做文章，白刀子進紅刀子出，要的是真傢伙！

『是呀！』奕訢拖長着聲調說，『那是軍機處剛交班的幾天，太后爲的是不太冷淡了我，特地問我，世鐸提出的讓張之洞接替張樹聲去做兩廣總督，你看行不行。我知道這是張之萬在作祟，一入軍機就營私。老七也是急於要提拔新進，組建自己的人馬。行不行，我說了都不中用。後來我想，張之洞主戰嚷得最兇，那年伊犁事件上，也就數他喊得厲害。正如你剛纔說的，讓他自己來試試也好，喫點苦頭，長長見識，做個徐延旭第二，也未必不是朝廷之福，免得日後爲害更大。我於是對太后說，放張之洞做兩廣總督，算是放對了人，他寫了那多軍事奏摺，一定有帶兵統將的才幹，眼下兩廣正要他這樣的制臺。』

『王爺說得好！讓他撞一撞南墻，也好頭腦清醒點。』

李鴻章不覺笑了起來。兩廣總督張樹聲是二十多年前李鴻章創建淮軍時的第一批哨官，跟隨李鴻章南征北戰，多有戰功，是淮軍系統中一個很重要的成員。撤掉張樹聲的粵督，令張之洞代替，自然不是李鴻章所喜歡的事。

『還要多讓幾個人去撞撞南墻。』奕訢端起茶碗，但並沒有喝，他邊思索邊說，『第一個要放張佩綸出去。此人自以爲天下第一，誰都不放在他的眼裏，談起打仗來，好像比哪個都有本事。我看也得放個兵差讓他過過癮。』

張佩綸這個人，李鴻章對他又愛又惱。愛他的才華過人敢於言事，惱他在國事上常與自己針鋒相對。一個功勛蓋世、年歲與他父親同輩的人，他却在奏章中用刻薄的辭句加以挖苦，在平日的言談中用調侃的語言加以譏諷。對奕訢的這個建議，李鴻章是很贊成的，甚至佩服恭王這種整人不留痕跡的

第十章　休想彈琴

高明手法。

『張佩綸是一個。』

『還有陳寶琛。這人也是個眼低吳楚目中無人的傢伙。還有吳大澂，此人金石書畫還不錯，在翰苑做個翰林倒是稱職，但偏偏不安本分，覺得自己是個帶兵打仗的大才。我看也得讓他們去試試，免得終日抑鬱不得志。』奕訢揭開茶碗蓋，嘴角邊露出一絲冷笑。『中堂不是明天要遞牌子見太后嗎，你好好琢磨琢磨一下，該給張佩綸、陳寶琛、吳大澂委派個什麼差使合適，明天就當面向太后提出來，太后是一向看重你的話的。』

離開恭王府，在回到賢良寺的路上，李鴻章坐在轎子裏一直在想着奕訢這個建議。讓那幾個清流黨在實際事務中去碰碰壁，殺一殺他們平日的驕矜之氣，這也是李鴻章的宿願。不過，他在細細思索之後，又發覺奕訢更主要的還不是要整幾個清流黨，他是把醇王當作清流的後臺，最終目的是要整他的這個親弟兼政敵。李鴻章想到這裏，心猛地抽動了一下。

二　慈禧深夜召見李鴻章

中國軍隊在越南境內與法軍交戰這件事，幾個月來一直是慈禧心中的一件大事。作爲一個女性當國者，慈禧從來沒有要作出一番大事業來的雄心壯志，實事求是地說，辛酉年那次政變，也是咸豐帝的失誤和肅順跋扈所逼出來的。

儻若不是咸豐帝那樣心胸狹窄，把兄弟之間的過節老盤着至死不解，而在顧命大臣中安排恭王一個位子；即使不安排，哪怕是在臨終前見見面，像歷代託孤帝王那樣，執着恭王的手說幾句好話，委託他輔佐六歲的孤兒。若這樣做了，恭王便不會跟慈禧聯合起來，置祖制不顧而廢顧命大臣。

儻若肅順等人不是那樣的跋扈囂張，專斷一切，眼角裏根本沒有兩宮太后和近支親王，而是稍微照顧下他們的體面，有一點和衷共濟共渡難關之意，也不至於把慈禧逼到要與顧命大臣們一決生死勢不兩立的地步。

垂簾聽政十二年，同治皇帝十八歲了，慈禧把權力完全交付給兒子。誰知兒子並不成器，處理國家大事既草率，個人立身更孟浪，在親政到駕崩這一年多時間裏，慈禧不得不替兒子操心費神。到兒子一死，誰來繼位，則又成了天上人間的頭等大事。比來比去，思前想後，終於選擇載湉來接替，做了個光緒皇帝。

光緒登基祇有四歲，離十八歲親政，還有十多年，同治朝已經垂了一個朝代的簾，顯然，此時朝野內外，無論誰都認爲這個簾子還是繼續垂下去爲好，慈禧祇得又管理國事了。如此說來，慈禧豈不成了一個憂國憂民舍身爲公的賢明太后？也不是的。

慈禧壓根兒沒有想到要傚法康熙、乾隆去安邊綏遠，臣服四夷，也沒有想到要像他們那樣去修《康熙字典》、《四庫全書》。凡這些流芳百世的文治武功，她都不大去想。她祇是熱中權勢，有極强的統治慾望，指使慾望，滿足慾望。她喜歡所有的鬚眉男子在她面前匍匐稱臣，唯唯諾諾，聽憑她的吩咐，向她宣誓効忠。她喜歡過問一切事情，大至軍國謀略，小至某個王府格格的婚配，她都要過問，都要裁定。大事小事，一經她的定奪，便不能改變。

慈禧就是這樣一個女人，這樣一個女當國者。她有過人的機敏才智，却没有深厚的學養和遠大的識見；她有强烈的權力之慾，却没有宏偉的抱負和做大事業的氣魄；她有至高無上的地位，却没有爲

國爲民謀福的公心。

說實在話，人類歷史上這樣的統治者，又何止一個慈禧太后！他們真正是辜負了天時地利人和給他們彙聚成的舉國無雙的機遇！儻若是平平淡淡庸庸碌碌倒也罷了，更爲可恨的是，他們以自己的愚蠢、自私、狂妄、强暴，藉助於這種無人可及的地位和權力，去禍國殃民，給人世間帶來痛苦和災難，讓歷史爲此蒙上羞恨恥辱，長使後人浩嘆！

就慈禧內心來說，她希望所有的洋人都不招她惹她，她也不會去招惹洋人，彼此相安無事，她安安心心地做她大清帝國獨一無二的太后，頤指氣使，生殺予奪。到了皇帝成年後，把權力交給他。他辦事辦得合自己的心意，則讓他辦下去，若辦得不合自己的心意，讓他改辦重辦，乃至於廢掉他，重立一個，到時都是可以做得到的事。可是，就是這些可惱可恨可鄙可殺的洋人，無休無止地尋是生非，跟她過意不去。

這二十年來，大大小小的教案數也數不清，還有俄國的東北邊界糾紛，伊犁城的歸還，日本强佔藩屬國琉球、干涉藩屬國朝鮮，還不時有這個國家要開放一個港口，那個國家要借一塊地等等。現在，又拱出一個越南事情來。

法國人咬定說他衹是要開通一條進入中國的貿易綫而已，別無他求。慈禧真的不明白這些紅毛藍眼的洋人是怎麼想的。口口聲聲說的是經商做買賣，但買賣是雙方的事，是一個願賣一個願買的平等商量的事呀！你願賣，我不願買，或者說你願買，我不願賣，就不做好了，你憑什麼要用强力逼迫人家呢？要說洋人蠢嘛，他的那些船砲又確實造得好；要說洋人不蠢嘛，怎麼連這樣簡單的道理都不懂？

夷狄真的是夷狄。一想到這裏，慈禧就連連搖頭。

對於遠在雲南、廣西之外的越南國，慈禧先前所知甚少。後來那裏鬧事了，雲貴總督、兩廣總督向朝廷報告，她纔知道有這麼一個君主昏庸、官吏貪惡、百姓無知無識的小國家，纔知道這個國家每年給朝廷送點貢品，而朝廷的回贈要比它的進貢大過十幾二十倍。它名義上承認是大清的藩國，實際上它的朝廷更替、君位承繼、官員任免、稅金收入等等一切大事，朝廷都不能過問，反而還要承擔保護它免受外國侵略的責任。

慈禧弄不清楚，當年老祖宗爲什麼要把這個包袱揹在自己的身上，這對咱們大清國到底有什麼好處？若不是礙着丢了祖宗臉面這一點，慈禧真的不想去管這檔子事。把軍隊全部撤回來，讓他們越南去和法國人周旋好了，自家的事已够麻煩，哪還有那份閒心思去管人家的事哩！

因此，究其實，恭王軍機處的全班撤換，並非是因爲丢了越南的北寧、太原兩個城市的緣故，而是慈禧要藉此機會除掉久已不滿的奕訢，換上覬覦此位甚久的奕譞罷了。

要說，慈禧這樣的大換班，也自有她的道理所在。奕訢當國二十餘年，歷事多了，腰杆也硬了，上下黨羽也肯定安插不少了。他近年來常常自作主張，明顯地有架空慈禧的趨勢。過幾年皇帝親政，他就會完全把皇帝架空。慈禧讀過張之萬爲她編的《治平寶鑒》，知道歷史上大凡出現皇帝被架空的時候，便是國家禍亂的時候。這是因爲：如果皇帝弱，則會被權臣廢掉，皇帝强，則會從權臣手中奪回失去的權力，不管哪種情形，都會引起政局的動蕩不安，甚至發生戰亂。軍機的權操在奕譞的手裏，則不會出現這種情況。奕譞聽話，不會背她自作主張，奕譞對自己的親生兒子也決不會有二心，一定會盡職盡責、盡心盡力地輔佐，今後也決不會有權力爭鬥的事情出現。

慈禧自認爲考慮周到計謀深遠，斷然採取了這個少見的大舉措，儘管朝野內外有不少的議論，她一概置之不顧。她寄希望於新的軍機處，要他們先把上臺來的第一件大事辦好。這第一件大事便是越南境內的中法衝突。這件事辦好了，不僅爲他們自己建立威信，奠定日後的治國基礎，也爲她的臉上争來光榮。

新軍機處上臺後的第一個舉措，便是將辦事不力的兩廣總督張樹聲革職，擢升山西巡撫張之洞爲新的兩廣總督。張之洞這幾年在山西實心辦事，成效突出，這是慈禧所知道並賞識的。張之洞究心兵事對外强硬，這點，慈禧更是從光緒六年的伊犁事件中就知道了。雖然同意軍機處的任命，但張之洞畢竟是個一天兵都没帶的翰林出身的文官，他能勝任戰火在即的前綫制軍之任嗎？慈禧對此没有把握，而對中國與法國的交戰，勝負前景如何，慈禧更不可預料。她總巴望着哪天突然傳來一個消息：仗不打了，大家和解了。若真有這樣的好消息，那纔真正是阿彌陀佛，佛祖保佑，祖宗保佑。

傍晚，慈禧喫過晚飯後，正在和李蓮英，以及兩個常來侍候她的禮王府小格格一起玩牌九。這時，內奏事處的值班太監進來禀報：『李鴻章請求陛見。』

『李鴻章這幾個月不是在天津嗎，他現在是在天津呢，還是已到了京師？』慈禧一邊看着手中的牌，一邊慢慢地説話。

『他昨天已到了京師。』

『有什麼事嗎？』慈禧依然慢聲慢氣地説，並示意在她身後的小宮女照常爲她抓牌。

『説是法國將派特使來天津談和……』

『法國談和？』慈禧打斷太監的話，手中的牌立刻被收了起來。

第七章 和耶戰耶

『是的，談和約。』

『傳令，一個時辰後在養心殿召見李鴻章！』

『喳！』

內奏事處的太監立即把這道懿旨傳了出去。很快，這道懿旨就被傳到位於紫禁城附近的賢良寺裏。太后破例連夜召見，既體現她對此事的重視，也説明她對此事很有興趣。與太后打了三十多年交道的前淮軍統帥這樣尋思着，心裏也便有了幾分把握。

紫禁城一到斷黑時，進入宮中的各道大門小門一律緊閉，並加上又大又粗的門杠。白日裏，在陽光照耀下，在翎頂蟒袍的輝映下，雄偉威嚴的三大殿和氣象宏闊的青磚廣場，將朝廷的尊嚴和皇家的富貴，表現得淋漓盡致，氣勢逼人。可是一到黑夜，就完完全全是另外一番模樣。三大殿內没有一盞燈，黑幽幽的，宛如三座從昌平搬來的前明皇帝的祭祠享殿。青磚廣場上也没有一盞燈照着，空曠曠、黑沈沈的，就像一處死了無數生靈的古戰場，給人以凄凉悲哀之感。宮中歷來稀奇古怪的傳聞甚多，太監又格外的膽小多疑。所以，一入夜，這裏便見不到一個人影。白日的天堂，此刻簡直就成了陰間。

不過，這衹是紫禁城的前半部分，至於後半部分則多少還有些人間生氣。圍繞乾清宮、坤寧宮、交泰宮兩側的東西十二宮以及御花園等，向來被稱爲後宮，是皇帝和后妃及皇子、公主們的居住活動之地。在咸豐朝以前的幾個朝代裏，尤其是康熙、乾隆那些年代，皇帝在位時間長，享壽又高，后妃衆多，龍子龍孫更是多，後宮熱熱鬧鬧的。晚上燈火輝煌，小兒女嬉笑聲不斷，紫禁城裏並不乏人間天倫之樂。尤其是那位號稱十全老人的五福堂主乾隆爺，更是龍體健旺風流成性，每天夜晚他所宿的

第十章 洋務運動

那個妃子宮裏，必定絲竹繞樑弦歌不絕，人盡名花，舞皆霓裳，把夜間後宮真弄成一個鶯歌燕舞的海外仙島似的。

到了咸豐朝以後，後宮就如同大清的國運一樣，一朝不如一朝，一年不如一年。咸豐帝三十去世，衹留下一子一女，兒子便是慈禧所生的同治帝，女兒則是另一個妃子麗妃所出。咸豐帝因爲死得早，妃子的隊伍還來不及壯大。相比道光朝來說，後宮已是大爲冷落了。

慈禧集女性的嫉妒、寡婦的變態、君王的大權於一身，後宮這塊小天地本就是她職分所在的主管之地，現在更成了她砧板上的一塊魚肉，任她擺佈宰割。咸豐帝所留下的那些與她爭過寵的太妃們，哪個見到她不像鼠兒見了貓一樣，戰戰抖抖，誠惶誠恐？後宮不要說晚上，即便白天也都是一片冷冷清清的。

同治皇帝十九歲就死了，皇后被逼殉夫，留下的幾個不明不白的妃子，在後宮中毫無地位可言。今上衹有十四歲，他還沒想起要女人。麗妃所生的女兒早在同治八年便出宮下嫁符珍。自從同治八年起到眼下十五六年了，偌大的紫禁城後院裏，就再也沒有一個皇子公主出現過。人們在背地裏嘆息：大清朝皇嗣主脈怎麼會凋零到如此地步？這是不是前廷所顯示的國運不昌對後院的壓迫，或者反過來說，恰恰是後院的後嗣不興，而使得前廷的國運不昌？更有受到慈禧壓抑的老太妃們，則把責任歸咎於她的身上，暗地裏譏譏嘖嘖地議論着：從來陰氣太盛，陽氣則衰，哪朝哪代有過這樣強梁霸道的太后？怪不得大清苗裔不旺！

嘆息也罷，指責也罷，大清王朝的皇宮後院便是這樣冷清多年了，大家都寄希望於這個尚未大婚的光緒皇帝身上，但願他多置妃嬪，廣育子女，最好能像周文王那樣，生他一百個皇子出來，重振當年後宮雄風！

然而，這還得拭目以待，至於眼下則依舊如故。一到晚上，更比白天冷清，妃子也好，宮女也好，太監也好，都早早地縮進各自宮裏，不再出來。整個後院悄沒聲息，從外表看來，與死氣沈沈的前廷相比，衹多了一些燈火和幾個巡更守夜的太監罷了。

但也有惟一的例外，那就是養心殿。從垂簾聽政的第一天開始，這座本來屬於後院系統的宮殿，就成了整個紫禁城的第一號建築。這是因爲慈禧住在這裏。大清國一切有資格面見聖上的官員，都在這裏向她三跪九叩頭；大清國一切軍國大計都在這裏制定，都從這裏發出。這裏，白天王公大臣川流不息，入夜燈火通明，警戒森嚴。不過，慈禧通常夜裏不辦公事，她很會保養自己，每晚戌時剛過，她便上床睡覺了。但今天慈禧却要在夜裏召見李鴻章。養心殿裏的宮女、太監都在猜測着，太后一定有刻不容緩的軍國大事要與李中堂商量。

一頂簇新的墨綠呢大轎，停在紫禁城東側的景運門邊，李鴻章身着正一品官服，神色端凝地從轎中走出來。他順手從左邊袖袋裏掏了一塊金光閃亮的大懷錶出來看了看，時針正好指在七時上。這是一塊瑞士表，乃駐英法公使侍郎曾紀澤所贈。李鴻章喜歡用洋人的東西，連生病時都喜歡喫洋藥，說洋藥簡便收效快。這塊懷錶他已經用了四五年，隨時隨地都帶着，而且養成了每隔一會兒便掏出來看看的習慣。

景運門已經打開，幾個刀槍晃晃的侍衛分立兩旁。近年來，大受慈禧寵愛品銜升得很快的太監李蓮英，早已恭候在門邊，見李鴻章已走出轎門，忙哈着腰迎上。因爲李蓮英的地位非比尋常，許多大臣都對他禮讓有加。有的是想走他的門子，求一條升官捷徑；有的並非想巴結，衹是防他在太后面前

說對自己不利的話，故而也不得不對他假以辭色。李蓮英在宮中久了，見的王公大臣多了，這些袞袞諸公究竟有多大能耐，他也心中有數了。大清朝中的這些不可一世的大人物，說句實在話，李蓮英對其中很多人都看不起，真正令他從心眼裏生發敬佩之情的還不多，而在爲數不多的幾個人中，便有眼前的這位相國爺。在李蓮英的眼裏，李鴻章纔是真正有着治國安邦定天下的文武全才，就連他的那種氣宇，也不是一般人所能比擬的。

『老相國，這麼晚了還要進宮來，您真辛苦！』

這樣的話，李蓮英平時對那些王公大臣也常說，但祇有他自己知道，平日說的祇是客套，今晚這一句，纔是從心裏說出的。

『國家多事，不能不辛苦點。李總管，近來身體好嗎？』

李鴻章也不想得罪這個太后身邊的寵奴，臉上露出了難得的笑容。

『託老相國的福，還好。』

李蓮英感激這位他所崇敬的人物的關心，遂走近李鴻章的身旁，伸出一隻手來攙扶着李鴻章。

『天色黑了，老相國慢慢走。』李蓮英以一種近於平時對慈禧說話的口吻關照着李鴻章。同時，又對着附近的一群太監高聲命令，『把燈籠點得亮亮的，爲老相國引路！』

於是八盞大紅宮燈一齊點燃。六盞在前面開路，兩盞在後面護衛，中間，李蓮英親自攙扶着李鴻章，跨過景運門，向着養心殿走去。李鴻章自家帶來的跟班和轎夫都被攔在門外。

李蓮英攙扶着李鴻章走的這條路，正是紫禁城裏前廷後院的分界之路。往左邊中和殿方向望去，是一片令人生悸的黑寂；往右邊乾清門方向看去，也祇有稀稀疏疏的幾點星火。詞臣出身的北洋大

臣，腦子裏突然冒出兩句唐人的詩句來：『潮落夜江斜月裏，兩三星火是瓜洲。』他在心裏笑了起來：今夜走在紫禁城內，即將面見太后，怎麼沒有『劍佩聲隨玉墀步，衣冠身惹御爐香』的體會，却無端生出這種感覺來！

穿過這道黑暗的分界地，來到西長街口，這裏的燈光明顯地亮多了。當李鴻章跨過遵義門，進入養心殿前院時，眼前一陣目眩。原來，此處燈火通明，亮如白晝。跟在李蓮英的後面，李鴻章一直走進東暖閣，在門簾外站定。

一會兒，李蓮英掀開簾子，對門外的李鴻章說：『老相國，太后叫您進去。』

李鴻章邁進門檻，肅立站定，然後跪下，摘掉飾有大紅珊瑚頂插着雙眼花翎孔雀毛的帽子，將它放在一旁，磕了一個響頭。再站起，左手捧着這頂帽子，向前邁進幾步，來到太后身邊，又跪下，將帽子放在手邊的地磚上，用帶着濃厚淮北口音的官腔喊道：『臣李鴻章叩見太后，祝太后萬壽無疆！』

『起來吧！』慈禧輕輕地說了一句，又對着站在門邊的李蓮英吩咐，『給李中堂搬一張凳子來。』

『謝太后厚恩，臣不敢坐。』

李鴻章被慈禧的格外眷顧感動得熱血奔湧。李蓮英很快親自搬來一張精緻的梓木方形小凳，放在李鴻章的旁邊。李鴻章還是不敢起身。

『李鴻章，你是年過六十的四朝老臣，今夜又不是平時的叫起，說話的時間可以長一些，你就坐着慢慢說吧！』

李鴻章長年帶兵征戰四方，且性格開朗，他想了想，太后說的也是：自己今年六十二歲了，爲朝

廷立過汗馬功勞，今夜就是坐着和太后説話，也不是擔當不起的。這樣想過後，他站起身來，將雙眼花翎大紅珊瑚帽端端正正地戴在頭上，然後大大方方地在梓木方凳上坐了下來。

『李鴻章，你是要跟我説點法國政府的事兒吧，你説吧！』

『臣正是要向太后稟報這件事。』

李鴻章挺直腰板，望了太后一眼。不料這一望，却讓李鴻章的奏對停了瞬間。論名望勛績，李鴻章無疑是當今天下第一人，但他面見慈禧的次數也不很多。這是因爲李鴻章一直是外官，而不是內臣，尤其是他没有在軍機處任過職。從同治九年以來，他一直做直隸總督兼北洋大臣。直隸總督衙門在保定，北洋大臣衙門在天津。李鴻章長年住的地方便是保定和天津，不是特别重要的事，他通常不到京師來；就是有時住在京師，也不是每次都能見到太后。至於朝廷與李鴻章相商的事情自然很多，但都是通過文報往來，並不需要面談。

慈安在世的時候，兩宫太后召見臣工時，一律垂下簾子。跪在簾外的臣工即使想看清太后的花容月貌，也是不可能的。慈安過世後，慈禧便撤掉了那道簾子。但臣工們既要行君臣之禮，又要守男女之防，何況召見時氣氛莊嚴，時間短促，跪在地上的大臣祇求奏對不出差錯，就是萬千之幸了，誰敢有那大的膽子，偷眼看下掉簾子的太后？萬一惹怒了她，你還要不要腦袋？

李鴻章亦不例外。往常的召見，他也没敢正眼看過太后一面。慈禧的聖容，祇存在於他的想像中，而不在他的記憶裏。

今夜這一眼，既距離很近，又是平視，真是把太后看得真切了：輝煌的宫燈之下，太后美麗得就如傳説中的嫦娥似的，端莊高雅，氣度尊貴。朝廷年初就發下諭旨，説今年十月是太后的五十萬壽華誕，將要舉行盛大慶典爲之祝福。五十歲的女人了，臉上不見一點皺紋，容光煥發，宛如青春玉女。李鴻章不覺暗自稱奇。他想起自己的大姨太，還不到五十歲，當初進門時也是美人尖子，而今比起太后來可就差遠了。是上天賦予她的這種母儀天下的高貴，還是宫中藏有駐春美容的秘方？李鴻章來不及在腦中思考這些問題，他要向太后稟報比這重要得多的夷情大事。

『赫德從上海打電報到天津，説法國政府已派出一個名叫福禄諾的特使，在德璀林的陪同下已到了上海，馬上就要到天津來與臣見面，商談訂立中法兩國條約事。』

『法國政府要跟咱們講和了？』

天天盼望着越南戰爭早日停止，想不到法國果然遣使前來講和了！慈禧按捺不住心中的喜悦，打斷李鴻章的話。

『是的，法國有講和的意思。』

李鴻章與洋人打了多年的交道，深知洋人的脾性。法國在越南的戰爭，是中國人節節失利，他們並没有喫大虧。顯然，此時訂條約，是想趁戰勝之機向我們索取更多的好處，並非主動求和，硬要説是和約的話，也祇是城下之盟。他不想觸慈禧的興頭，順着她的話回答。

『赫德有没有説，他們提出了些什麼條件？』

其實，慈禧的頭腦很清醒，她也知道法國人不會無緣無故地來此一舉。

『赫德的電報裏説了幾條。』赫德的電報就放在他的袖袋裏，但他既不能拿出來，要慈禧自個兒看，也不能自己照着電報去唸。他的記性極好，雖年老而不減當年，電報的内容早已全部記在他的心中。

『一是開放雲南，二是不能限制法國在越南的權利，三是賠償軍費，四是調走曾紀澤。主要是這麼幾

條。』

慈禧聽後没有做聲，心裏在盤算着：開放雲南，讓他們進來做生意，也不是一件很不好的事。法國人在越南做什麽，不去管它也好，多一事不如少一事。曾紀澤因爲主戰得罪了法國政府，也可以考慮換一個去。難就難在賠款上，朝廷現在缺的就是銀子。再説，戰爭是他們挑起的，到頭來還要我們賠銀子，這口氣也咽不下呀！慈禧沈吟半晌後，決定先聽聽李鴻章的意見。

『李鴻章，你説説看，法國人這幾個條件，咱們哪些可以接受，哪些不能接受？』

老於官場的李鴻章，對於慈禧的這個問話並不感到奇怪。年輕的時候，他的官職低，常常在稟報時遇到上司的詰問，經過一兩次尷尬後，他有了經驗：稟報之前自己先深思熟慮，在腦中準備幾種不同的看法，到時視情況而説出其中的一種。因爲此，李鴻章常常能得到上司的稱讚，故而官運亨通。中老年後，官職高了，他又常常搬來别人的這個伎倆，一是從下級的回答中受到啓發，二是藉此考察屬員。

關於越南境内打仗的這件事，他早有自己的看法，昨天聽了恭王的意見後，心中更有把握了，於是底氣甚足地回答：『回稟太后，依臣之見，這次是個好機會，務必要把這個和約給定下來，戰火早一天熄滅，國家便可早日安生，太后您也可以早一天寬心。』

『是呀，你是打了大半輩子仗的人了，仗還是不打爲好。』慈禧感嘆着。

『太后英明！』李鴻章立即恭維，『臣打了大半輩子的仗，辦了大半輩子的軍務，從中悟出這樣一個道理：國家一定要備戰，戰爭不可不防備，這是第一；第二，仗能不打就不打，萬一打起來，能早停就早停。』

『這話説得在理兒。』慈禧點頭，表示讚許。

『所以，臣以爲法國這些條件，都可以接受，衹要能早日停戰，一切都好商量。』

『賠款一事要好好談。』慈禧打斷李鴻章的話，『朝廷銀錢短缺，最好不賠，能少賠就少賠。』

『是。』李鴻章趁此機會抓緊請示，『其他幾條，也請太后慈諭訓示。』

『曾紀澤與法國人爭吵了嗎？』慈禧問李鴻章，『爲何法國人容不得他住在那裏？』

『曾紀澤性格耿直，或許在言談之間對法國人有得罪之處。他是公使，若與駐在國不和的話，還是調離一下爲好。』

曾紀澤既是老師的兒子，又是有德有才的君子，李鴻章對他很是器重，視爲親兄弟。曾紀澤最令李鴻章佩服的一點是他懂洋文，不但能讀洋書，而且能説洋話，是朝廷派往各國公使中的第一等人才。

曾國藩晚年親自延聘兩個英國人爲塾師，分别教兩個兒子紀澤、紀鴻學英文。那時紀澤已過三十，學習英文甚是喫力，但遵父命，還是硬着頭皮學下來。幾年後，真的是英文幫助了他，爲國家出了大力。每一念及此，李鴻章便發自内心地對老師的遠見表示欽佩，並傚法老師，也請洋人到家裏來教自己的兒子。遇到兒子們不好好學的時候，便拿曾紀澤的例子來開導，果然對兒子們啓益很大。

想到這裏，李鴻章又補充一句：『曾紀澤這些年在國外很辛苦，爲國家做了不少好事。依臣之見，他回國後宜予以優叙。』

『那麽誰可以接替他這個事呢？你有没有合適的人？』

太后顯然接受了這一條。李鴻章立即答：『法國公使這個職位，眼下最是緊要，一天都不能空缺。

日後也很重要，一定要有一個相當的人纔行。依臣之見，不妨先將駐德國公使李鳳苞從柏林調到巴黎，做個代理法國公使，處理日常事務，朝廷再慢慢地選擇一個人去接替。』

『這樣安排也好。』慈禧輕輕頷首。『剛纔你說的法國特使叫個什麽名字來着，此人是個什麽人？』

『法國派出的這個公使叫做福祿諾，臣與他打過交道。』

『你們先前見過面？』

『見過面。』李鴻章答，『福祿諾是個海軍艦長。三年前他的艦艇在塘沽碼頭停過一個月，他到過臣的北洋衙門。臣與他見過面，說過話。』

慈禧淺淺地笑了笑說：『看來洋人也是講舊交情的。他們派這個艦長來，就是因爲他與你有過交道。既然是熟人，更好說話。你就對你的這個老朋友說，賠款一條取消吧，其它的都好商量。』

李鴻章心裏喫一驚：太后說得也太輕巧了。漫說打過一次交道不能算是老朋友，即使是老朋友，就可以免去幾百萬兩銀子的賠款嗎？法國又不是他的！何況李鴻章知道，洋人與國人不同，一般都忠於職守，對國家利益看得重，很少有接受賄賂而犧牲國家利益的。但他不能對這位不懂外情的太后說得太多，衹能答：『臣一定利用這個關係，去跟他好好地談，盡可能地把賠款一項取消，若實在不行的話，也要越少越好，必不致使我大清喫虧。』

『這件事，你就這樣跟他談吧。』

慈禧終於爲法國公使前來談判的事作了交代，李鴻章心裏一陣輕鬆。他在心裏尋思着：該向太后談恭王吩咐的事了，如何談起呢？

『李鴻章，你辦了這多年的洋務了，我問你一句話：咱們大清眼下的軍事力量，到底與洋人相差多

遠，能不能與他們打仗？今夜没有別的人，你衹管對我說實話。』

這個問題雖然重大，但李鴻章胸中早有成竹。平日，他最討厭的就是那些既不懂外國，也不知本國實力的人，遇到與洋人鬧糾紛，開口閉口就是與洋人決一死戰之類的話，似乎很愛國，其實最是誤國之論。太后雖有定識，但有時不免也受這種論調的左右。李鴻章覺得自己身受太后厚恩，肩負着朝廷的重任，有責任實事求是地將這個大事說清楚。

李鴻章正了正腰板，一臉端謹地說：『回稟太后，臣奉太后之命辦了二十多年的洋務，爲朝廷的軍隊買了許多西洋的槍砲，爲北洋南洋購置了不少鐵甲船隻，比起先前打長毛捻子時來，我們的軍事力量的確是要强大多了，但若跟洋人比起來還差得太遠，真的若是與洋人交起仗來，我們沾光的把握極少。依臣之見，咱們大清要趕上洋人，至少得有三十年到五十年的功夫。在這三五十年的時間裏，我們要力求避免與洋人打仗，以求發展。過去越王勾踐卧薪嘗膽，以「十年生聚，十年教訓」的話教育臣民，後來終於報了大仇。咱們要有勾踐的這種眼光和毅力。衹是洋人比當年的吳王夫差要强大百倍，所以，臣以爲，今天咱們大清的力量對付洋人，二十年還不够，要有三十年五十年的準備。』

慈禧讀書不多，但『卧薪嘗膽』這個典故還是知道的，她也很佩服越王勾踐。李鴻章這番話，她深以爲然。

『這麽說來，咱們與法國人這場戰爭，就寄希望於你與那個艦長的和談上了。』

李鴻章忙答：『臣一定不負太后的期望，把這次和談談好。』

『主張對洋人開仗的人，也不都是浮浪的人。』慈禧把左手無名指上長長的金指套壓了壓，說，

『張之洞對洋人强硬，他也在實心做事。朝廷調他去兩廣，希望他代替張樹聲，把兩廣軍務振刷一下。

天津的和談要談，廣西、雲南的防備也是不能鬆的。』

『太后英明！洋人詭詐，得多防着點，廣西、雲南的防備確是不能鬆勁。』李鴻章想，終於遇到機會了。他繼續說下去，『張之洞後生可畏，太后擢升他爲兩廣總督，足見太后藉兩廣軍務歷練他的苦心。臣以爲，還有幾個人，也都是年少有才之人，若加以歷練，日後可望爲國家儲存大才。』

『你說說，有哪幾個？』慈禧對此很有興趣。

『第一個數張佩綸。此人志大才高，是廷臣中第一青年才俊。』李鴻章做出一副實心薦賢的神態。

這兩年來，慈禧對張佩綸印象甚好。前年親自提名擢他爲都察院左副都御史，有心把他作爲軍機大臣來培養，所慮的也是他的地方閱歷不够，應該讓他磨練磨練。她問：『你看張佩綸做個什麼事最好？』

『派他去福建會辦海疆事務。』李鴻章昨天便爲恭王提出的幾個人想好了去處，此刻他不假思索地提了出來。『福建海疆綿長寬闊，形勢重要，但閩浙總督何璟不甚得力，須得强幹的人協助他。張佩綸長於軍事，正好做他的海防助手。』

『福建的海防現在是越來越重要了。前兩天劉銘傳還來密摺說，法國海軍有攻打臺灣的可能。衹是張佩綸從沒有過水師經歷，他辦海防行嗎？』

『臣以爲張佩綸行。』帶了二十餘年兵的李鴻章，何嘗不知道打仗的事，不在紙上而在戰場上。張佩綸的軍事奏摺寫得好，不一定就能帶兵打仗。但自古以來，長於議兵的書生出面帶兵的，既有全軍覆沒身首不保的趙括，也有克敵制勝襄成霸業的管仲。張佩綸有可能是趙括，也有可能是管仲。李鴻章既然對他又愛又惱，也就沒有一定要把他往死裏整的念頭。儻若出息了，爲國家玉成一個人才；儻若證實無用，也可爲自己去一政敵。『太后，不妨將張佩綸派去福建試一試。據說何璟也器重他的才學，他們會合作好的。』

慈禧點了點頭，沒有做聲。

『南洋水師眼下最缺一個得力的襄助。南洋水域與福建海疆相連，張佩綸既出任福建海防的會辦，那南洋水師的會辦就非用他的好友不成。故臣以爲，常與他會銜上摺言事的陳寶琛，可放南洋水師會辦。』

對於陳寶琛，李鴻章衹有惱恨，沒有憐才之念。昨夜，他爲陳寶琛想了一個極好的去處：南洋會辦。近日上任的南洋大臣，乃有名的曾老九曾國荃。此人，李鴻章是知之極深的。

曾國荃雖與曾國藩一母同胞，爲人處事却判若兩人。李鴻章永遠記得：當年老九爲了搶天下第一功，帶着吉字營五萬人馬，匆匆忙忙去圍有着九十裏城墻的江寧城。圍了近兩年時間，幾乎沒有進展，爲了儘快打下江寧，塞天下悠悠之口，曾國藩請用全副洋槍洋砲武裝的淮軍前去援助。李鴻章答應了。正欲啓程，突然傳來曾老九派人捎帶的話：吉字營用死了幾千人的代價，纔熬來攻進城門的好時機，你李少荃若來争功，我與你先在城外分個高低！

李鴻章深知這個倔犟過人的老九是說得出做得出的，趕緊打消前去江寧的念頭。他寫了一封信給老師：盛夏之際，洋火藥不靈，淮軍不能奉命，江寧還是讓吉字營獨家打吧！洋火藥盛夏不靈，這豈不是笑話一句！曾國藩知道是弟弟在作梗，也便不再勉强李鴻章了。

若說伴君如伴虎的話，那麼伴這個曾老九就如伴狼伴鷹一般。若不是出自吉字營又能見他的眼色行事的人，簡直無法與他相處融洽。一旦惹怒了他，他會毫不留情地將你打下去。當年他做湖北巡

撫，連身爲大學士的滿人湖廣總督官文都被他逼得離開武昌。你想想，一個書生出身的年輕文人，來做他手下的水師會辦，他會將這人放在眼裏嗎？如果說，將張佩綸派給翰林出身的何璟做助手，成與敗還未可料定的話，那麽，將書呆子陳寶琛派給血火中打出的曾國荃做會辦，則無異於將他推上刀山，推進虎口，幾乎不存在半點成功的可能。

不料慈禧對這個推薦倒是一口答應：『曾國荃圍城打衝鋒是把好手，但與洋人鬥智鬥謀略的本事不够，陳寶琛慮事周到，給他去做個助手，倒是極合適的。』

『太后英明。』李鴻章趕緊恭維一句後，又提出一個新人事設想來，『俄國政府幾次提出要跟我們把東北交界地區重新勘查一次，將中俄分界綫劃定，以便今後雙方爲領土問題少一點糾紛。臣一直在尋思此事，這得有一個精於地理的人主持纔是。』

『是呀！』慈禧接言，『此事之所以遲遲未答應的原因，就是找不出這樣一個人來，你以爲誰能勝任此事？』

『吳大澂。』李鴻章立即回答。

爲吳大澂的去處，李鴻章昨夜頗費了不少腦筋，結果終於爲他覓到了這個『美差』。這是件極苦極累又極不討好的事。俄國人橫暴强梁，衹知以勢凌人，根本不去與你理論什麽歷史沿革。吳大澂那一肚子古地理之學，在俄國人面前，正應得上一句俗話：秀才遇了兵，有理講不清。讓他和老毛子去慪氣吧，誰要他專愛説別人的風凉話！

『太后，吳大澂治古地理學三十餘年，他本人就是一本活地圖。臣對他的這門學問，也是敬佩不已，讓他去辦這種事，真是人盡其才。先派他去東北，與俄國人踏勘分界地段。明年還可以派他去雲

南、廣西，與法國人踏勘中越兩國的分界地段。讓他一展平生才學，於國於己都是很有利的。』

聽到這兒，慈禧『撲哧』一聲笑了起來，説：『没有想到，吳大澂這門舊學問，倒還真的派上大用場了。李鴻章，你今夜一口氣薦了三個人才，可見你平日於此是存了心的。昨天召見世鐸，要他提出兩個人來接替徐延旭和唐炯，他支支吾吾的半天，到底也没正經説出個名兒來，真讓我失望。』

能説出個子丑寅卯的人，近支親王裏也還有幾個，誰要你聽信醇王，挑一個這樣的窩囊廢來做軍機處的領班呀！這些話當然衹能在李鴻章的肚子裏嘀咕着，嘴面上還得另外説：『禮王爺遇事深謀遠慮，不像臣這樣想到哪兒就説到哪兒。』

慈禧也清楚，與李鴻章相比，世鐸自然是樗櫟庸材，但普天之下，能有幾棵李鴻章這樣的擎天大樹呢！

『李鴻章，軍機處換了人馬，這也是無可奈何的事兒。世鐸這人老實，辦事的才能是要比奕訢差些。不過，閻敬銘、張之萬都是前朝舊臣了，可以幫襯點。你比起他們來，歷事又更多。還望你以國家重臣的身份，在外多多體貼朝廷的艱難，協助軍機處。張之洞到底年輕不大懂兵事，關於與法國人打交道的事兒，你以後還要多多開導開導他。爲國家培育人才，不光是朝廷的責任，也是你等老臣的責任。今夜裏就談到這兒，若還有要説的，明兒個再遞牌子吧！』

李鴻章走出遵義門時，紫禁城裏已經是夜色深沉了。後宮的幾盞稀疏的燈火早已熄滅，天上也没有月亮星星，上下内外一片鍋底似的黑暗。一陣夜風吹來，他覺得渾身凉颼颼的。若不是周圍有宮燈在護送着，這個刀槍堆裏殺出來的前淮軍統帥，也都會生出幾分恐懼感來。

三　醇王府把寶押在對法一戰上

第二天上午，軍機處領班大臣禮王世鐸，奉着慈禧的懿旨，來到醇王府。自從軍機處大換班以來，每天至少有一位軍機大臣到醇王府裏來稟報朝中大事，請示處置方略。這種情形在當時有個名目，叫做『過府』。

四十四歲的皇帝本生父醇親王，這兩個月來真可謂春風得意，躊躇滿志。自從兒子登基的那天起，他便蓄意要把朝政拿到自己的手裏。雖然有周公旦輔佐侄兒的事跡載之於經典，但醇王奕譞並不相信輔佐侄兒的叔伯，都會像周公旦那樣忠心耿耿，萬無一失。因爲自古以來，也衹有周公旦這一聖人，能做到任勞任怨，毫無一點野心，至於別的人，多多少少都有點三心二意。

奕譞當然知道，就在本朝開國之初，也有皇叔多爾衮輔佐世祖爺的故事。但是，若不是太后爲了兒子的江山下嫁給小叔子，早就沒有了世祖爺登基這碼子事；就是後來嫁給了他，那位皇父也一天没有斷絶過自己做皇帝的心思，如果不是後來墜馬而死，大清朝開國之初還不知又要多添幾場腥風血雨！自己兒子的江山，也衹有自己來替他看守，纔是真正的萬無一失。經過十年的韜晦、蓄勢、待機，現在終於大權在握了，奕譞怎能不興奮激動，不思有番大的作爲呢！

他不便上朝，每天由世鐸或其他軍機處大臣來王府與他商量機宜，定奪國事，他總是拿出全副興致來做這些事情。然而，奕譞治國的才能，實在不如他精明的嫂子和能幹的六哥。不過，他有一個好幫手，此人便是經他全力薦舉纔得以進軍機的孫毓汶。

孫毓汶字萊山，山東人，咸豐年間的翰林。咸豐十年在山東辦團練時曾被革職，後靠銀子的力量

復了職。到了光緒年間，他的官運紅了起來，由侍讀學士升到工部左侍郎。孫毓汶聰明機靈，尤擅長走門子。他的老子咸豐年間曾經做過醇王半年的師傅，因這層關係，孫毓汶往太平湖的脚步最勤，跟王府裏裏外外相處融洽。奕譞一直把他看做自己的人。

世鐸組建新軍機，孫毓汶擠了進來。因官階最低，資歷最淺，被排在最後一個，稱作軍機處行走。行走，意爲看看學學，有點類似於學徒的味道。處於這種地位的軍機大臣，每到叫起時，則負責把東暖閣的簾子一角掀起扶住，待領班王爺和其他幾個資格較老的軍機大臣全部進去後，他纔完成使命，把簾子角放下來，故朝中戲稱爲『打簾子軍機』。

孫毓汶自知不能跟張之萬、閻敬銘等人相比，遂把這個打簾子的差事做得主動殷勤，人人滿意，但他心裏却並不把張、閻這些老朽看得很重。每天散朝後，他都要在醇王府裏呆上個把兩個時辰，有事則辦事，無事則陪醇王聽曲賞花餵鳥説閒話，連王府裏未來的小王爺、小貝勒們，孫毓汶也樂意爲他們效力，甘心充當他們遊戲的夥伴。他一天也不離開醇王，醇王每天也需要他。

世鐸這次過府相商的事，正是李鴻章昨夜與慈禧説的兩件事：天津的和談和外放張佩綸、陳寶琛、吴大澂三人。孫毓汶也正在醇王府，三人便坐在王府寬敞而高雅的書房裏商討起來。

『這和談是好事，若與法國人談好，越南的戰爭不再打了，咱們軍機處該省去多少麻煩！衹是太后怎麽會突然間一下子放三個書生出京，太后難道忘記了他們可都是些清流，清流能辦事嗎？七爺，您看這是怎麽回事兒？』

矮矮墩墩的世鐸有一顆肥大厚重的腦袋，和一張彌勒佛似的笑臉。他是清初八大鐵帽子王的後裔中最無干政之心的一個王爺。他喜歡嗅，喜歡玩，喜歡女人，不喜歡讀書，不喜歡想事，不喜

歡做官。就因爲這，仗着祖上的餘蔭，他過了大半輩子享福的日子，什麽麻煩事也輪不到他的頭上，他一年到頭快快活活無憂無慮的。

先前，常有黄帶子笑他無大志，無能耐，無出息。近幾年裏，黄帶子們則又稱讚他有識力，有遠見，有福氣。他不曾料到，年過五十後，還有宰輔的福分。那天醇王對他説，要他出來接替老六做軍機處領班，他還真以爲耳朵出了毛病，聽錯了。他一再推辭，醇王就是不依，對他説：『我與太后一起把所有王爺都挑了出來，逐個兒琢磨，比來比去，還祇有你最爲合適。』世鐸仍是不敢接受。最後，醇王不得不説實話：『我身爲皇上本生父，不便出面，祇有請你挑起這個擔子。遇到大事，可以來王府一起商量着辦。』世鐸這纔明白，自己祇是替老七看攤子而已，他答應了。於是從接任的那天起，不論大事小事，他一概『過府』，由醇王和其他幾位軍機拿主意，他甘願做個傳聲筒。果然，醇王對他很滿意，太后對他這樣做也無異議。

『李少荃這個人一貫怕洋人，畏敵如虎。法國人在越南並没有打敗仗，他們爲什麽會派特使談和，此事奇怪！』

體形單薄、滿臉病容的醇王奕譞靠在藤製的躺椅上，聲音不大，但語氣很是峻厲。

『是呀，七王爺懷疑得很有道理！』孫毓汶立即接腔。他高高瘦瘦的，神色精明得近於陰鷙。他平素稱奕譞，口口聲聲都是『王爺』，遇有世鐸在時，爲便於兩個王爺相區分，他在奕譞的『王爺』面前加一個『七』字。『福禄諾這人我知道。他原是法國凱旋號艦艇的艦長，據説在天津塘沽碼頭停過一兩個月，與李少荃和北洋衙門裏的官員們都混得很熟。卑職以爲，這很可能是法國政府在玩詭計。利用福禄諾與李少荃是朋友這個關係來迷惑我們，一方面在天津談和，使我們戒備鬆懈，一方面抓緊

時間調兵遣將，打我們一個措手不及。』

『哎呀，萊山，你真不愧爲智多星，眼睛就是比別人尖利。』世鐸對孫毓汶這番話表示由衷的欽佩。『你這一説我就明白了。法國和談是假，再打是真，用和談這塊幕布遮蓋我們的眼睛，幕後在秣馬厲兵。』

其實，孫毓汶也没有確鑿的證據，證明法國人是假和談真備戰，祇是，聰明和閲歷，使得他知道世上的事大都較複雜，從一個角度來看是這樣，從另一個角度來看又是那樣。談判有多種可能性，剛纔醇王對這次談判表示懷疑，於是孫毓汶便把眼光盯在另一種可能性上。現在經世鐸這麽一肯定，他也彷佛覺得就是這麽回事似的，臉上露出得意的冷笑。

『萊山説的不無道理。』奕譞對洋人有一種近於本能的反感。『李少荃喜歡和談，就讓他談去，我們還是做我們的事。祇是還得要跟李少荃指出幾點，不能離譜太遠。』

『七爺説得很對。』世鐸謙恭地説，『太后講了，賠款一事不能談，朝廷没有銀子。』

『太后説的這點很重要。』奕譞摸了摸没有胡子的尖下巴，略爲思索一下後，轉過臉對孫毓汶説，『萊山，你看還有什麽要對少荃説的嗎？』

孫毓汶想了想，説：『有一點很重要，務必要跟李少荃講清楚。越南是我們大清的藩屬國，這是祖宗傳下來的規矩，這個規矩不能壞。別的事可以跟法國人商量，咱們大清跟越南的主僕關係則不能改。若丢了越南這個藩屬國，我們如何向祖宗交代？』

『這是個頂重要的事！』奕譞從藤椅上站起，以堅定的口氣説，『世上最大的事莫過於正名，名分之事乃第一等大事。我們即便賠法國人幾百萬兩銀子，也不能丢掉我們對越南的宗主權利。亭翁，明

第十章　味蕾挑逗

天上午叫起時，你要向太后稟明這一點。然後擬一道諭旨，把不能賠款和不能改變藩屬這兩條寫進去，發給李少荃，叫他務必稟遵照辦。』

『是，是。下午就叫許庚身去擬旨。』世鐸忙答應，想起外放張佩綸等人的事，他又請示，『七爺，你看張佩綸、陳寶琛、吳大澂三個人的事怎麼說？』

奕譞重又坐到藤躺椅上，沈吟良久後問：『上午太后召見時，你揣摸太后的意思，是定了，還是交給咱們議一議？』

世鐸想了一會，說：『我揣摸太后的口氣，好像這三個人的外放也沒有定下來，是有點叫咱們議一議的意思在裏面。我說過會兒就去稟報七爺。太后說，明兒個你把七爺的話說給我聽聽。聽這口氣，我尋思着太后沒最後定。』

『清流中向來藏龍卧虎，張佩綸這幾個人也都是人才，雖說他們愛說些過頭的話，但向來不滿李少荃在洋人面前委曲求全，竭力維護我們大清國的形象，這種骨氣我是很看重的。』

奕譞頭靠在藤椅上的杏黃蘇綢枕頭上，說話間，枕頭滑下去了。孫毓汶忙上前將枕頭拉上來，重新平放在奕譞的後腦勺下。

奕譞繼續說：『張佩綸是個大才，跟何璟會辦福建海防，却不是一個合適的安排。他不懂水師，萬一出了差錯，會誤了他的前程。此人今後我有要職相委。陳寶琛與曾沅浦去共事也不太合適。曾沅甫脾氣不好，陳寶琛與他會合不來，曾沅甫也會看不起他。我看不如把陳寶琛放到兩廣去，做個什麼臬司、藩司的。他與張之洞氣味相投，彼此合作，說不定會有一番作爲。至於吳大澂，他擅長地理之學，讓他與俄國人一道踏勘地界，倒是挺合適的。萊山，你看呢？』

孫毓汶托着腮幫坐在一旁，兩隻眼睛一直在望着奕譞。世鐸剛進府時一說到外放三人的話，便立時引起他的警覺。他一直在想：怎麼突然間一下子外放三個書生出京，或會辦軍務，或與洋人打交道，都是挺時髦又挺麻煩的事，是清流們時來運轉吉星高照呢，還是別有緣故？

孫毓汶討厭清流黨，結怨始於一次清流黨人的集會。

那是孫毓汶剛放工部左侍郎時，一次楊忠愍公祠的集會上，清流黨幹將鄧承修，毫不留情地說他這個左侍郎，是靠走醇王府的門子得來的。另一幹將黃體芳則說他是靠趴在地上，給小王爺做馬騎換來的。工部有個主事也參加了這次集會，爲之鼓掌叫好。孫毓汶得知後氣得不得了，他奈何不了鄧承修、黃體芳，却可以整治工部那個主事。

不久，朝廷要外放一批邊遠地區的知府，孫毓汶便將這個主事的名字報上去。此人被分到雲南匪亂最重的東川府，叫苦不迭。不到一年，孫毓汶又指使心腹雲南藩司參東川知府一本，說他治亂不力。很快，知府被貶爲縣令。前工部主事終於明白了此中的過節，請鄧承修、黃體芳幫忙說話。鄧、黃很爲他抱不平，但苦於找不到孫毓汶陷害的痕跡，這個主事的冤終於無法申清。然而，清流黨人都心裏有數，視孫爲殺人不見血的姦邪小人，彼此之間的仇也便越結越深。這次孫升任打簾子軍機，清流黨人又好一陣子冷嘲熱諷。孫決心伺機出這口怨氣。

現在清流黨人一下子外放三人，要說他們走紅運了，也說得過去。三年前張之洞外放山西巡撫，兩年前張佩綸升爲副都御史，都是清流大用的明證。張之洞眼下又擢升兩廣總督，更成了萬衆矚目的人物，官場內外都說他爲清流露了大臉。因張之洞的能幹，使朝廷許多人改變了『清流能說不能幹』的傳統看法。從這種背景來看，張、陳此次外放軍事會辦，應該是太后對他們的重用。但孫毓汶却不

這樣認爲，他從蛛絲馬跡中看出了另一些苗頭。

他想：這事與李鴻章和談一事同時傳出，可見是李在昨夜陛見太后時提出來的。李鴻章一向與清流黨不睦，由他來建議此事，不可能對清流黨有利。如此說來，李所採取的手段也跟自己一樣：陷對手於無形之中——讓書生來辦軍務，以軍務來困書生。想到這一層，孫毓汶高興起來，心裏說：你李鴻章聰明，我孫某人比你更聰明，你借太后之手，我就來借你之手。

於是，他以十分明朗的口氣對奕譞說：『七王爺，依卑職之見，太后這個安排是很有遠見的英明之舉。她一是讓張佩綸、陳寶琛二人有立功的機會，二是爲了配合張之洞在兩廣的軍事行動。曾沅甫、何小宋都是張之洞的前輩，他們都是積了一輩子的勛勞，纔做上一方總督的。張之洞年紀輕輕，便擢升粵督，跟他們平起平坐，他們心裏多少有點不服氣。太后想到了這一點。一旦戰爭打起來，法國人海艦厲害，兩廣、閩浙、兩江水域必定聯成一氣，如果曾、何兩位與張之洞不配合的話，就會影響大局。故派他的兩個好友去會辦閩浙、兩江的海防，這對張之洞是大有好處的。』

孫毓汶不愧爲才高一籌，他這番話正說到奕譞的心坎裏去了。因爲有了與法國人打仗的失敗，纔有新軍機處取代舊軍機處，故而中法這場戰爭的勝負，便成了新軍機處能否立足的關鍵。仗打勝了，新軍機處就有了威望；若打敗了，不但無威望可言，說不定也會全班換掉。在別的軍機大臣而言，衹是丟掉一個兼職，對於他奕譞而言，則有可能是主政之夢的徹底破滅。

這場戰爭的勝與負，重要之處在粵督的人選上。可以說，奕譞把這場戰爭之寶，甚至把自己主政之寶，都押在張之洞的身上。對於張之洞，衹能全力支持，不能有半點損傷。經這麽一點撥，他突然明白了這是太后的深謀遠慮。奕譞從心裏佩服慈禧的治國謀略，他重又從藤躺椅上站起，斷然對世鐸

說：『萊山說得有道理。你明天稟明太后：軍機處完全遵照太后的安排，即刻擬旨，發佈張佩綸、陳寶琛外放閩浙、兩江，同意派吳大澂去東北，與俄國人踏勘邊界。』

世鐸躬身答道：『我一定照七王爺所說的去辦。若沒有別的事，我先回去了。』

世鐸剛要轉身，奕譞又對他交代一件事：『你順路到張子青家去一下，叫他今晚到我這兒來一趟。』

世鐸領了這道旨意，命令綠呢大轎直奔煤渣衚衕張府。

七十三歲的張之萬剛睡好午覺醒來。他踱步來到書房，戴上老花眼鏡，一邊啜着濃茶，一邊翻看着近日的邸抄。

邸抄上登載的多是有關越南戰場上的事。有揭露徐延旭手下兩個前綫將領，互相傾軋而貽誤軍情內幕的；有抨擊越南君臣昏庸貪婪，主張丟棄越南的；也有說張之洞以一介書生持節兩廣前途難卜的。張之萬默默地翻着看着，自己的整個心緒都讓這場戰爭給浸泡了。

蟄居老家十餘載，不料古稀之年還能重返京師做尚書，升協辦大學士，此次又進了軍機處，張之萬深知老來的這番風光，完全是醇王所送。他稟賦清雅，不貪錢財，現在到了這把年紀，就是有再多銀子，他也消受不了。兩個兒子都還爭氣，一個走的是兩榜正途，現正在河南做個同知。一個舉人出身，在江南製造局做個局員，收入頗豐。二子都不用他操心。他深服同輩好友曾國藩所說的話：子孫賢，沒有父祖的財產，也有飯喫；子孫不肖，財產越多越壞事。因而，他認爲昧着良心去聚斂錢財，其實是件很愚蠢的事，既害自己，又害子孫。

老狀元已到了清心寡慾的境界。官位、權勢、金錢、享樂，他都無所求了。惟一應該做的，便是

竭盡全力爲國効勞。這既是平生志願之所在，也是爲了報答醇王的知遇之恩。張之洞升粵督，其實並非他提的名。當年他做會試同考官，堂弟作爲應試舉子尚需迴避，何況今日他爲軍機，弟爲巡撫，若由他提名，豈非明顯的徇私？張之洞的名是醇王提的，閻敬銘立即附和，他當然也同意。太后很快便欽准了。這説明堂弟恩眷正隆。

前幾天，他收到張之洞臨離太原前給他的一封信函。信中申謝對堂兄提携的誠意，同時也懇請堂兄給予指點和幫助。不用張之洞開口，張之萬也會全力幫助的。這不僅因爲堂弟年輕，前程遠大，更重要的是目前的形勢，明擺着是兄弟二人的命運已連在一起了。

張之萬離開書案，慢慢地在書房裏來回走着。他開始認真思索起來：應該從哪些方面爲堂弟提供幫助。

他首先想到的，便是應該爲兩廣的軍隊提供一批新的槍砲彈藥。在軍機處討論前綫戰事時，有人提到打敗仗的一個主要原因是裝備陳舊，徐延旭、唐炯的軍隊用的都是當年打長毛打捻子時的槍砲，比起法國人來相差得太遠了。

打仗靠的是武器。武器不利，如何打得贏？張之萬想，這批軍火要向洋人去訂購。據説美國、德國都有人在中國專做軍火生意。關鍵是要銀子，這要請身爲户部尚書的閻敬銘幫忙了。國庫再緊，也要撥出幾十萬兩銀子給張之洞纔行。此事明天就要找閻敬銘商量，最好由醇王來出面。

再者，應該調幾員宿將去兩廣。張之洞畢竟是個書生，缺乏實戰經驗，帶兵這碼子事，還是沙場上打出來的老將靠得住些。調誰呢？張之萬重又坐到太師椅上，閉着眼睛回想起來。

二十多年前那場彌漫全國的戰火，仍令他記憶猶新。他雖然没有直接帶過兵，但身爲地方高級官員，與當時帶兵的文武大員多有接觸，對他們的才幹長短都很清楚。可惜，當年的那些能征慣戰的將帥們，如今絶大部分已凋零故去，剩下的幾個也已老病不堪，再也上不了戰場。張之萬掰着指頭一個個地數，終於想起了兩個人。

一個是當年威名赫赫的霆軍首領鮑超，因爲戰功卓著，同治三年江寧打下後，他被封爲子爵。鮑超不識字，爲人粗豪，有一則笑話説，他封爵後衣錦還鄉，在四川奉節老家蓋起一座壯闊的府第。有個秀才跟他開玩笑，説，你這個房子蓋得跟宮殿一樣，皇帝的宮殿叫皇宮，你是子爵，你的宮殿就是子宮了。鮑超不知此人戲弄他，反而很得意地説，我是子爵，住的府第當然是子宮，麻煩你老兄給我題『子宮』兩個字，我要製一塊匾，把它掛在大門上。衆皆大笑。一個幕僚附着他的耳朵嘀咕了幾句，鮑超明白過來，瞪着眼睛對那秀才説，你在侮辱本爵！那秀才忙叩頭謝罪，鮑超居然也没懲罰他。鮑超今年五十六歲，正在湖南做提督，身體還硬朗，請他出馬，對前綫將士是個鼓舞。

另一個是婁雲慶，湖南長沙人，十幾歲投軍，東征西討，軍功纍纍。現正做着正定鎮總兵，還不到五十歲，是當年一批大將中存世的最年輕的一個。此人最是合適。

還有一點令張之萬欣慰的是，現正在廣東督辦軍務的兵部尚書彭玉麟乃湘軍元老，而鮑超、婁雲慶都是原湘軍的哨官。對於軍營來説，這層情誼非尋常可比。

張之萬想，這兩件事都是大事，得趕快辦理。正在思忖着在什麼事情上，還可以再爲堂弟援上一手時，他的眼睛突然被邸報上的一道奏章吸引過去。那道某御史的奏章上講，徐延旭、唐炯的軍隊排斥越南境內的黑旗軍首領劉永福，這也是北寧、太原失守的一個重要原因。這位御史建議重用劉永福，利用他久居越南的長處，收裏應外合之效。

張之萬立時覺察到，這是一道很有識見的奏摺，可惜沒有引起太后的重視。他認爲張之洞應該在此事上，吸取徐、唐前車之覆的教訓，要和劉永福取得聯繫，建立一種彼此融洽的關係，以此換來劉永福的傾力相助。但劉永福乃會黨出身，參加過長毛，又和越南的三教九流都有聯繫，背景很複雜。張之萬深知堂弟清流本色，是極不情願與那些江湖人士打交道的，更何況現在身居制軍之尊，也不宜貿然與劉永福這類人聯繫，應該有一個人代替他去辦這種事纔好。派誰去呢？

張之萬左思右想，終於替堂弟想出一個人來，此人即桑治平。無論從本人閱歷才幹，還是從目前的身份來說，桑治平都是最好的人選。

他拿起筆來，給張之洞回一封信，將自己的這些思考告訴堂弟，盼望他在中國與法國的這場糾紛中，發揮中流砥柱的作用，爲朝廷，也爲他這個老哥的臉上爭來光彩。

正在這時，世鐸進來，親自轉達醇王的口諭。張之萬高興地說：『我正要去晉謁王爺哩，過會兒就去。』

說着，把世鐸請到客廳，細細地向他詢問上午太后召見的情形來。二人正談得興起，家中僕人進來報告：『賢良寺今日張燈結綵，準備迎接左侯下榻。』

左侯即爵封二等恪靖侯的左宗棠。上個月，左宗棠奉旨將兩江總督一職交給曾國荃，以東閣大學士的身份入閣辦事。左宗棠雖已高齡七十二歲，體弱多病，然豪雄之氣仍不減當年，面對法國人的囂張氣焰，他多次上疏請纓。張之萬對這個素有常勝將軍之稱的老朋友十分景仰。猛然間，一個想法跳入腦中，他興奮地對世鐸說：『左侯進京，此乃天助我們成事！』

『此話怎講？』世鐸尚不明白內裏。

張之萬說：『軍機處六人，沒有一人帶過兵，眼看與法國人這場戰爭不可避免，一旦打起來，調兵遣將，籌餉謀畫，便是軍機處的第一件大事，我們於此都是生手。何不請太后調左侯入值軍機，藉助他的聲望和經驗？他肯出力，您這個領班就好當多了。』

世鐸喜道：『你這個提議好！今夜我們一起與醇王商量，明日啓稟太后。』張之萬笑着說：『左侯入軍機，軍機添虎翼。明日我們軍機處全班啓奏太后，務必說服太后，將左侯請進軍機處來。』